Publisher:
Deft Consulting, LLC

Selling Your Way to Riches
SALES System™
Timothy J. Cummuta
©2024

Timothy J. Cummuta es consultor de negocios y experto financiero.

Negocios: Tim ha asesorado a empresas de la lista Fortune 1000 y a pequeñas y medianas empresas en Planificación Estratégica, Productividad, Desarrollo de TI, Recursos Humanos, Ventas y Marketing, y Gestión de Riesgos.

Individuos y Familias: Una Maestría en Planificación Financiera Familiar y más de dos décadas de experiencia comprobada en Asesoría y Planificación Financiera lo han posicionado para ayudar a los clientes en el entorno financiero volátil e impredecible de hoy.

Tim, ex director de ventas y soporte, tiene una lista de 500™ inmensas tres veces en su haber. Tim ha reclutado y capacitado a miles de agentes de ventas de campo.

El autor de muchos libros, entre ellos Learn

to Live Financially Free—KDP 2024 y una nueva versión editada como libro electrónico Kindle en 2024, es Tim.

Contenido

Contenido 3
Introducción 5
¿Qué hace que los grandes vendedores sean geniales? 5
Venta Consultiva 10
Prospección 14
   Gestión de redes 17
   ¿A quién conoces? 20
Venta 24
Paso uno, reducir la velocidad 24
  Las cuatro habilidades para convertirse en un gran vendedor 30
    Habilidad 1: Preparación 31
    Todo comienza con tu motivación 38
    ¿Cómo podemos mantenernos motivados? 43
    Habilidad 2: Aprendizaje 44
    Habilidad 3: Educación 48
  Ventaja competitiva 50
    Habilidad 4: Cierre 52
  Su presentación completa 55
Su presentación de prospección 56
    Presentación personal 64
    ¿Y si dicen que no? 67
Sistema™ de VENTAS 71
  Onda sinusoidal 71
  S - Ordenar 74
  A - Activar 75
  L - Aprender 75
  E—Educar 76
  S—Satisfacer 77
  Buscador de prospectos 79
  Buscador de prospectos en curso 83

Diagrama de flujo del sistema™ de ventas 85
Comprender los tipos de personalidad únicos 92
Dar rienda suelta a la creatividad..96
    METAS..104
    Lluvia de ideas..123
Finalmente 127
    El proceso de establecer metas 128
Referencias 139

Introducción

Al comenzar este viaje con este curso de ventas, usaremos varios ejemplos a lo largo de todo el libro. La mayoría de las veces, proporcionaremos ejemplos financieros porque aquí es donde radica mi experiencia. Pasé muchos años en ventas financieras y creación de riqueza. Por lo tanto, disculpe los usos que no se relacionen directamente con sus productos o servicios. Pero comprenda los conceptos subyacentes. Estos conceptos son importantes y funcionan independientemente de los productos o servicios que se ofrezcan.

¿Qué hace que los grandes vendedores sean geniales?

Convertirse en un gran vendedor no es el resultado de un talento natural, sino un producto de la formación y el desarrollo.

Los grandes vendedores no suelen nacer grandes. Aprenden a ser grandes. Lee sobre cualquier gran vendedor y la mayoría de las veces, te dirán que armaron un sistema que funcionó y luego lo repitieron una y otra vez hasta que lograron lo que buscaban en la vida. <u>Cualquiera puede ser un gran vendedor, ¡incluso tú!</u>

Una de las principales razones por las que la mayoría de las personas tienen dificultades en las ventas es porque abordan desde la perspectiva de que debe obligar a las personas a comprar lo que inherentemente no quieren, es decir, "El enfoque de ventas de autos usados". El uso de tácticas de alta presión conduce a la pérdida de más ventas que podrían y deberían haberse cerrado que cualquier otro método. Nada es más irritante para mí que escuchar a un gerente de ventas o, peor aún, a un entrenador de ventas, decir "cierra al prospecto con fuerza y ciérralo a menudo". Si bien eso puede haber funcionado en la historia antigua o hace treinta años, no funciona ahora.

    La clave más importante para el éxito en las ventas hoy en día es aprender a tratar bien a las personas y averiguar cuáles son sus necesidades reales y luego encontrar una solución a cómo puede satisfacer sus necesidades. Esto requiere que respetes al cliente y te preocupes genuinamente por su bienestar. Date cuenta de que las personas son lo suficientemente inteligentes como para saber cuándo eres sincero y cuándo no.

    No importa si la venta se realiza en persona o desde un sitio web. Es todo lo mismo. Estás tratando con personas en cualquier forma de ventas. Asegúrate de entender esto y contémplalo cuando desarrolles tus procesos de venta.

Las personas son mucho más inteligentes de lo que muchos vendedores creen que son. Con niveles de educación más altos, conocimientos ilimitados al alcance de la mano a través de Internet y tecnologías de comunicación ultrarrápidas, las personas pueden descubrir lo que quieran saber en segundos. Por lo tanto, si les está soplando humo, lo atraparán y perderá la venta. Estos son los conceptos básicos para una carrera de ventas exitosa garantizada para brindarle todo lo que desea. Esto es siempre y cuando te tomes el tiempo para determinar, y luego dar a tus clientes, lo que desean primero.

En última instancia, el éxito en las ventas se reduce a jugar con los números. Para tener éxito, para tener éxito de verdad, vas a tener que hablar con mucha gente. Algunos dirán que sí, otros dirán que no, ¿y qué? Ahora pasa al siguiente prospecto. Muchos vendedores nuevos piensan que se supone que deben vender a todas las personas con las que hablan. Eso es imposible y nadie, repito, "nadie" puede hacer eso. La prospección consiste en encontrar personas interesadas. Eso es lo que harás la mayor parte del tiempo durante las pocas veces que realmente participarás en una llamada de ventas realista.

Si bien este puede terminar siendo uno de los libros cortos que hayas leído sobre ventas o cualquier otro tema de negocios, no lo subestimes. Lograr un éxito de ventas sobresaliente es simple. Es encontrar un patrón de operación exitosa y hacerlo repetidamente hasta que logres tus objetivos. Probablemente terminarás leyendo este libro, y luego lo volverás a leer. ¡Esto es bueno, es importante y funcionará!

Venta Consultiva

Hoy en día, la mayoría de las personas y empresas no buscan un vendedor o una empresa. Están buscando un socio, un consultor. Cada uno de nosotros tiene ahora literalmente una cantidad ilimitada de datos o información a nuestra disposición. Sin embargo, es posible que no sepamos qué es importante o incluso relevante. Muchas veces, se nos pide que separemos nuestras áreas de especialización y las áreas de conocimiento limitado. Necesitamos una persona profesional y con conocimientos que pueda ayudarnos a clasificar toda la información, lo que nos permite tomar decisiones informadas.

A medida que te acerques a tu negocio o carrera en ventas, ten esto en cuenta. Muy pocos vendedores que sean agresivos y arrogantes encontrarán mucho éxito en el siglo XXI. Como profesional, busco profesionales con los que hacer negocios. Puede que tengas el mejor producto del mundo. Si no puedo ver su profesionalismo y deseo de asociarse conmigo en mis decisiones, es probable que no haga negocios con usted.

    Después de todo, harás la venta y seguirás adelante. Tengo que vivir con la venta por quién sabe cuánto tiempo. Tengo preguntas a las que quiero respuestas. Esas respuestas pueden generar más preguntas. Tengo derecho a que se respondan todas mis preguntas para sentirme cómodo con la decisión final. Si no está dispuesto a dejarme explorar a través de mi proceso de pensamiento, no haré negocios con usted. No estoy solo en esto. La mayoría de las personas ahora operan de manera similar.

    ¿Qué significa consultar con prospectos y clientes? Es necesario hacer preguntas para averiguar qué necesitan y qué buscan. ¿Cuál es el problema que están tratando de resolver? Siga haciendo preguntas de sondeo para que puedan procesar los problemas. A veces, especialmente en los negocios, no se puede poner el dedo en el tema exacto de inmediato. Desde la perspectiva de un consultor, el trabajo es ayudar al prospecto a encontrar los verdaderos problemas o resultados que está buscando.

Se trata de vender resultados y valor, no productos. Un coche no es lo que estás vendiendo. Estás vendiendo una experiencia o sensación de conducción. Esta no es una computadora que esté vendiendo. Está vendiendo más productividad a un costo mucho menor. Tus clientes están interesados en un resultado, no en una cosa.

Es importante para usted, como profesional de ventas, averiguar el resultado que el cliente desea y centrar toda su atención en proporcionar ese resultado al prospecto o cliente.

Supongamos que sus productos son beneficios voluntarios en el lugar de trabajo, como el seguro de enfermedad crítica. ¿Cómo se posiciona realmente este tipo de producto? ¿Qué busca el cliente como resultado? El cliente quiere menores costos de beneficio. Quieren impuestos más bajos en general. El valor del resultado es fácil aquí. Sus beneficios trasladan los costos de los beneficios más al empleado, lo que reduce la exposición de la empresa a un mayor costo de atención médica. La compra de productos como estos con salarios antes de impuestos también reduce los impuestos sobre la nómina para el empleador y los empleados en sus impuestos sobre la nómina. Esto es solo un ejemplo, pero revela el pensamiento de valor de resultado.

Los grandes vendedores son solucionadores de problemas. Aprenden a ver los problemas como realmente son. Muchas personas pasan mucho tiempo tratando de medicar un síntoma en lugar de resolver un problema. La clave para convertirse en un solucionador de problemas es hacer preguntas. Si queremos aportar valor a nuestros prospectos y clientes, debemos conocer los problemas reales que están en juego.

Con demasiada frecuencia, los vendedores llegan a la mesa con soluciones preconcebidas. Tiene una hipoteca; Necesitas un seguro de vida. ¿Es esa la respuesta correcta? Tal vez, tal vez no. ¿Qué pasa si después de hacer algunas preguntas descubres que el cliente tiene suficiente seguro de vida al precio correcto y eso no es lo que les preocupaba? ¿Qué pasa si su preocupación real es quedar discapacitado e incapaz de trabajar durante un período largo o corto? Un seguro por discapacidad, o un seguro de atención a largo plazo, puede ser lo que necesitan. Sin embargo, eso no se vende. ¿Y ahora qué?

Puede crear valor para referencia futura en este prospecto ayudándolos a encontrar una respuesta al problema. He tenido ventas más tarde en el tiempo de personas porque les ayudé a resolver un problema aunque no fuera con mis productos. Al ayudarlos, a pesar de que no tenía ningún valor económico para mí, generé confianza en ellos para mí. Esto puede proporcionar ventas futuras, referencias y muchos otros beneficios. Conviértete en un solucionador de problemas. Haga preguntas para encontrar un lugar para el valor.

Prospección

Hay una gran diferencia entre la prospección y la venta. Uno debe ver estas como dos operaciones distintas y reconocer la diferencia sustancial entre la prospección y la venta. La mayoría de las personas con las que me encuentro creen que son iguales. Consideran que un vendedor debe intentar vender a todas las personas con las que se encuentra cada vez. Creen que los buenos vendedores venden a la mayoría de las personas que conocen. Cualquiera que te diga que así es como vendes realmente no sabe de lo que está hablando. Deberías alejarte rápidamente.

Cuando piensas en el viejo buscador de oro, ¿qué evoca en tu mente? ¿Ves a un anciano sentado a la orilla de un arroyo con una sartén rebuscando en el barro, buscando una pepita? Eso es prospección. Estás mirando a través del barro en busca de una pepita de oro.

Cuando terminas con la cacerola de barro y no encuentras oro, ¿vuelves atrás y la examinas una vez más, y luego otra vez, y luego otra vez? No, tiras el barro a un lado en la orilla, para que no lo vuelvas a usar y desentierras una sartén nueva llena de barro y comienzas a tamizar todo de nuevo en busca de una pepita de oro o dos.

La prospección consiste en abrirse camino a través de la humanidad de las personas que encuentra en busca de pepitas de oro, clientes potenciales. No te quedes tan atascado con una persona o grupo de personas que te quedes atascado y desilusionado. Muchos vendedores potencialmente buenos, posiblemente excelentes, se desaniman y renuncian porque no cerraron la gran cuenta que buscaban.

Cualquiera que sea el método que utilices para la prospección, y yo usaría tantos como se ajusten a tu negocio, es simplemente una forma de clasificar a todas aquellas personas o empresas que no te comprarán hasta aquellas que realmente ofrecen potencial.

Un buen ejemplo sería un equipo de fútbol profesional. Cuando tienen campo de entrenamiento, buscan a aquellos que se sumarán a su equipo. Si operaran como la mayoría de las organizaciones de ventas, nunca trabajarían con reclutas prometedores, sino que se quedarían atascados solo en aquellos que necesitan una gran cantidad de ayuda y lo más probable es que nunca entren en el equipo. En la vida real, cortan los que probablemente no funcionen, y el equipo se centra en los que ayudarán al equipo.

    A lo que esto se reduce es a no dedicar más tiempo del absolutamente necesario para averiguar quién es y quién no es un prospecto genuino. Lo haces dándoles pedazos de tu negocio para ver si obtienes algún interés. Más adelante hablaré de su presentación de prospección. Esta es la herramienta que eliges para llamar la atención de las personas. Si están interesados, harán preguntas más atractivas y terminarás en una discusión sobre tu producto o servicio.

Gestión de redes

De todos modos, ¿qué es el networking? Bueno, primero has estado haciendo networking toda tu vida. Al inscribirte por primera vez en la escuela, descubriste a un grupo de personas con las que creías que sería agradable conectarte. Cuando fuiste a esa nueva escuela, comenzaste con un nuevo grupo de red, manteniendo también a algunas de tus antiguas personas de red. Cuando te mudaste a la nueva ciudad, comenzaste otra nueva red y mantuviste algunas de las antiguas. De vez en cuando, reúnes a personas de estas diferentes redes, bodas, cumpleaños, picnics, etc. Te conectas en la iglesia, en el trabajo, en el juego, en todas partes.

Ahora te pedimos que des un paso adelante y comiences a construir conexiones para aumentar las ventas. No te dejes intimidar por este sencillo proceso. No vas a un evento de networking para venderle a todo el mundo. Vas a conocer gente nueva. Ellos también vienen a tu encuentro. Vas a descubrir que va a haber gente muy interesante allí. Conócelos. Participa en la programación del grupo de la red. Lo más probable es que tengas tiempo para contarle al grupo quién eres y qué haces. Algunas personas gravitarán hacia ti. Conócelos mejor. Aprende sobre lo que hacen y cómo lo hacen.

No esperes ventas de la noche a la mañana. Construye relaciones. Las relaciones traen prosperidad a largo plazo. Con el tiempo, las personas que conoces y las personas que conoces te proporcionarán una gran cantidad de ventas de referencias. Las ventas de referencia suelen ser las ventas de menor costo y las más fáciles de realizar. Esto se debe a que, por lo general, invierte muy poco dinero en encontrar prospectos calificados y la persona que se refirió a usted brindó credibilidad.

Ya sea que te conectes en persona localmente o en Internet a través de organizaciones como LinkedIn o uno de los otros excelentes lugares de networking, simplemente conviértete en una parte activa de lo que está sucediendo allí, involúcrate.

Una advertencia: no tienes que estar involucrado en todas las redes sociales de Internet. Si bien los sitios de redes sociales se comercializan como el mejor lugar del mundo para encontrar nuevos clientes, rara vez lo son. No tienes tiempo para estar en Internet solo para estar en Internet. Sé que X y otros sitios de redes sociales son realmente geniales, pero ¿qué valor real de marketing empresarial proporciona en su conjunto? Muchas veces, las personas envían un tweet irritante en lugar de usarlo como una herramienta de ventas para llegar a muchas personas. No te conviertas en el azote de la red. No harás muchas ventas irritando a la gente. Usa las redes sociales, pero úsalas sabiamente.

¿A quién conoces?

Cada uno de nosotros conoce a cientos de personas. Vamos a trabajar con la gente. Vamos a la iglesia con la gente. Aquí hay personas que son un centro de influencia en nuestra comunidad que podemos conocer, alcaldes, oficiales de policía, jueces, barberos o ministros. La lista podría seguir y seguir. Siéntate y escribe una lista de todas las personas que conoces. Síguelos. Con el tiempo, recordarás o conocerás a gente nueva. ¿Tienes una guía telefónica personal? Busca allí a otros que no puedas recordar.

Hazle saber a todos lo que estás haciendo ahora. No le vendas a nadie todavía. Simplemente envíe una carta o llame, pero hágales saber lo que está haciendo ahora. No puedo decirte cuántas veces he escuchado: "Oh, no sabía que hiciste eso. Ojalá lo hubiera sabido antes, simplemente..." Entiendes el mensaje. Recuerde, está buscando pepitas de oro, no tratando de vender. Envía cincuenta cartas y sigue adelante. Si alguien está interesado, se pondrá en contacto contigo.

Puede comprar una lista de muchas fuentes de listas. Utilizo https://www.dataaxleusa.com/ cuando necesito obtener una lista. Una lista es solo eso, una lista. Es un enorme montón de barro que debes tamizar. Puedes conseguir una lista más barata. Pero recuerde, por lo general obtiene lo que paga. Las listas más baratas suelen estar llenas de direcciones que no se pueden entregar. ¿De qué sirve enviar 500 cartas y tener 250 para volver con malas direcciones?

Las listas de sitios web no son mejores. A menudo, son peores. ¿Cuántos correos electrónicos no deseados recibes? Parece que me llevos un millón. Muchas veces, especialmente las redes sociales, venderán su dirección de correo electrónico a cualquiera que esté dispuesto a pagar por ella. Muchos sitios legítimos también venderán su dirección de correo electrónico. Sin embargo, por lo general le darán la oportunidad de optar por no recibir ningún otro correo electrónico.

Recientemente visité un sitio de finanzas y me registré para obtener información que podría usar. Después de aproximadamente una semana, recibí correos electrónicos no solicitados. El volumen siguió creciendo. Mi bandeja de entrada ahora está bombardeada con más de cuarenta correos electrónicos al día a los que no me suscribí. Intenté darme de baja, pero no funcionó. Nunca responderé a ninguno de ellos y eventualmente caeré de sus listas como improductivo. Mientras tanto, debo soportar una miríada de correos electrónicos no solicitados de los que no compraré nada.

Muchas personas no optan por no ser vendidas al mejor postor. ¿Significa esto que quieren un correo electrónico tuyo vendiendo tus productos? ¡No! Estas listas pueden ser útiles, pero tenga cuidado con cuáles compra y por qué tiene la intención de usarlas.

Las listas de empresas suelen ser mejores porque las empresas suelen querer conocer otros productos y servicios disponibles que pueden ayudarles a mejorar su negocio.

Al prospectar, establezca metas sobre lo que está tratando de lograr antes de comenzar cualquier marketing a gran escala. Cree un presupuesto y luego trabaje dentro de ese presupuesto. No, repito, no se anuncie simplemente porque le parezca lo correcto. Mira el medio que estás a punto de usar. Ya sea el periódico local o un boletín informativo de la comunidad, ¿hay otros anunciantes como usted que lo utilicen? No todos los negocios encajan con el periódico local.

Si su producto es un producto de alta gama para personas de ingresos altos, lo más probable es que el comprador local sea una pérdida de su valioso tiempo y dinero. Piense en lo que está tratando de lograr, quiénes deberían ser sus prospectos previstos y lo verán donde tiene la intención de anunciarse.

Venta

Paso uno, reducir la velocidad

El calentamiento

No podemos enfatizar esto lo suficiente. Nadie quiere comprarle a un extraño, pero a todos les gusta comprar a alguien que conocen y en quien confían, un amigo. Cuando te acercas a un prospecto, debes conocerlo y, lo que es más importante, dejar que te conozca a ti. Todo vendedor exitoso conoce y entiende el poder del calentamiento. El calentamiento simplemente significa que te estás calentando para el prospecto. Estás permitiendo que se acerquen a ti. Preguntas por ellos y también les cuentas por ti. Cuando estoy en el entorno de prospección/venta, miro alrededor de la habitación o la casa y busco algo interesante y personal para ellos. Si ves muchas fotos de alguien con uniforme militar, pregunta por esa persona. Deje que las personas hablen sobre lo que es importante para ellas.

Si te presentaran a alguien interesante y quisieras conocerlo mejor, ¿qué pasos decidirías dar? Al preguntar sobre sus vidas, les harías preguntas y luego escucharías. Es recomendable estar atento y tratar de mantener los detalles en la memoria. Probablemente bromearías y te reirías un poco. Te sentirías a gusto, y tratarías de tranquilizarlos. Ese es el calentamiento. Ya sea que se trate de un individuo o de un presidente corporativo, siguen siendo seres humanos y merecen el mismo respeto y cortesía.

Una vez que un prospecto habla, a menudo te dirá que nunca te lo diría si le preguntaras directamente. Por ejemplo, la persona con el uniforme militar que notaste puede ser un héroe de guerra. Dar a las personas la oportunidad de hablar demuestra que te preocupas por lo que piensan y por ellos. Un psiquiatra hizo una vez un experimento mientras estaba en un vuelo de avión. Inició la conversación a propósito y luego dejó que la otra persona hablara y hablara y hablara, casi nunca interrumpiendo. Cuando el vuelo aterrizó, otra persona involucrada en el experimento le preguntó a la persona con quién había estado hablando el psiquiatra y sobre el hombre, el psiquiatra, con el que habían conversado en el vuelo. Su respuesta fue que probablemente era una de las personas más interesantes que la persona había conocido. El psiquiatra no dijo casi nada durante todo el viaje. Era interesante porque escuchaba, no porque hablaba. Las ventas se tratan de escuchar, no de hablar. Es increíble la cantidad de ventas que se pueden lograr hablando muy poco. Tal vez deberíamos titular este libro "Cómo vender en veinticinco palabras o menos". Se puede hacer. Probablemente lo he hecho en mi carrera.

Cuando estuve en Albania en un viaje misionero, tuve muchos problemas para que la gente me hablara y se abriera. El grupo al que representaba estaba tratando de poner en marcha un orfanato. Nadie pasaría tiempo con nosotros. Empecé a preguntarle a la gente sobre sus vidas y las personas que amaban. La gente se abrió en todos los lugares a los que fuimos. Fue asombroso y algo que nunca olvidaré.

Luego comencé a aplicar la misma táctica en ventas y descubrí que funcionaba igual de bien aquí en ventas. Las personas son básicamente iguales. Aman a las personas en sus vidas y les encanta hablar de ellas. Al permitir que las personas te hablen de sí mismas y vean que realmente estás escuchando, y demostrando que te importan, les ayuda a confiar en ti. El éxito de la venta comienza con la confianza. Si no se genera confianza, no se llega a ninguna parte en las ventas.

Calentar la perspectiva te los abre a ti. Cada vez que he acelerado el calentamiento, he perdido más ventas de las que he hecho. Una vez tardé tres horas en hacer una venta que normalmente tardaría una hora. El resultado fue que hice dos ventas adicionales en esa llamada porque me tomé el tiempo para conversar y escuchar. He hecho más ventas escuchando a los prospectos que hablando todo el tiempo o la mayor parte del tiempo.

He obtenido datos valiosos que necesitaba para la venta actual escuchando. A menudo, si dejas que la gente hable, en realidad te informarán de las razones por las que deberían comprarte. Por ejemplo, si estás vendiendo inversiones, puedes preguntarles qué piensan sobre el entorno de inversión actual. Es posible que le digan que lo odian y tienen miedo de invertir porque realmente no saben lo suficiente como para tomar una buena decisión de inversión. Más tarde, durante tu presentación, les asegurarás que pueden superar su miedo a invertir o ahorrar porque tu producto en particular tiene garantía, si es que la tiene.

Tómese el tiempo extra para conocer a sus prospectos. Háblales de ti. Las personas con las que he trabajado a menudo saben tanto sobre mí y mi familia como yo sé sobre ellos. Les hablaré de mi esposa, de mis hijos, de mis nietos, incluso de mi perro si lo considero apropiado. Hablaré de cualquier cosa que crea que los calentará y les permitirá sentirse a gusto conmigo.

Si quieres tener un éxito fabuloso en las ventas, deja que tus prospectos hablen. Si sienten que estás realmente interesado, te sorprenderán con lo que te contarán y cuánto te contarán.

Ten cuidado con los chistes. No todo el mundo tiene el mismo sentido del humor, especialmente con los chistes subidos de tono. Los chistes subidos de tono nunca deben contarse en las ventas profesionales. Algunas personas tienen poco sentido del humor o poco tiempo para escucharlo, y los chistes a menudo caen al suelo como una conversación inútil para estas personas.

Las cuatro habilidades para convertirse en un gran vendedor

Vender puede ser sencillo una vez que dominas las técnicas. Pero sin una comprensión clara de lo que implica el proceso de venta, continuamente te encontrarás con obstáculos. Dividirlo en cuatro áreas de habilidades distintas, pero necesarias, puede ayudarte a lograr una forma sencilla de comprender tu papel en las ventas. Las cuatro habilidades son:

1. **Preparación**
2. **Aprendizaje**
3. **Educación**
4. **Cierre**

El Sistema™ SALES descrito más adelante en esta sección utilizará estas cuatro habilidades. A continuación, resumo cada una de estas habilidades.

Habilidad 1: Preparación

La primera y más importante de las cuatro habilidades es la preparación. Es posible que sientas que no posees esto como una habilidad para vender, pero ten en cuenta que cualquier habilidad se obtiene a través de la adquisición de capacitación inicial y luego la aplicación de la práctica y la experiencia. Los mejores atletas, los empresarios de mayor rendimiento y las personas más exitosas en cualquier ámbito de la vida le dirán que la preparación y la práctica son absolutamente obligatorias para el éxito. Tendrás que practicar tu presentación tan bien que estés preparado para darla en cualquier momento.

Es fundamental estudiar los programas, los productos y los servicios que vendes. Debes intimar con tus productos o servicios. Hablar de ellos debería convertirse en algo natural para ti. Cuando te sientas tan cómodo con tus productos o servicios, puedes llevar fácilmente tus productos y servicios a casi cualquier discusión. También significa tomar tu presentación de prospección, que desarrollaremos más adelante en esta capacitación, y practicarla hasta que puedas recitarla mientras duermes. Tu discurso, a menudo llamado tu discurso de ascensor, debe salir de tu lengua como si lo hubieras dicho un millón de veces.

¡El problema con el que estás lidiando es la confianza! Si tus prospectos y clientes piensan que estás leyendo algo de un pedazo de papel, su confianza en ti y en tu sistema será baja. Si das la impresión de ser alguien que entiende completamente de lo que estás hablando, cuáles son sus necesidades, y muestras con confianza la información que estás transmitiendo, tu prospecto te escuchará con más atención. Tus prospectos no solo compran lo que ofreces; Y lo que es más importante, te están comprando. Si suenas como si estuvieras recitando un trabajo de la escuela secundaria escrito previamente, no se emocionarán mucho.

La mayor ventaja que tendrá sobre otros programas y otras empresas es que cree y comprende completamente su producto o servicio. Sus productos y servicios satisfacen una necesidad crucial. No te lo pongas difícil, confía en tu formación en ventas y en tu fe en ti mismo, ¡y prepárate! ...

Prepare las llamadas antes y después de las ventas. A menudo voy a un lugar tranquilo y analizo mi última llamada de ventas para poder determinar qué salió bien y qué no salió tan bien. Esto puede parecer trivial y no vale la pena el tiempo. Sin embargo, he arreglado muchas presentaciones rotas haciendo solo este pequeño tiempo para examinar lo que sucedió en la llamada. No importa si fue una llamada por teléfono o en persona. Tómese el tiempo para evaluar la llamada por completo, especialmente si salió bien y realizó la venta.

Piensa en el método que usaste para calentarlos. ¿Qué tan bien le fue a eso? ¿Qué preguntas sacaron de ellos respuestas buenas y completas? ¿Cuál era la expresión facial cuando hablabas de los beneficios de tus productos o servicios? ¿Hubo algo que dijiste, o de alguna manera que dijiste algo que realmente causó un aumento en el interés? Puedes usar estas pistas para el éxito repetidamente.

¿Alguna vez has tenido una llamada de ventas en la que te estabas moviendo muy bien, y luego dijiste algo que hizo que retrocediera y posiblemente terminara la reunión? He aprendido de esto, perfeccionando mis presentaciones.

Has escuchado el dicho, "¿por qué inventar la rueda de nuevo?" Bueno, lo mismo ocurre con tu presentación. Descubrirás cosas que funcionan. Úsalos repetidamente. He usado tanto algunas historias que tuve que cambiarlas solo para no aburrirme tanto con ellas. Sin embargo, cada nuevo prospecto o cliente nunca antes había oído hablar de ellos. La mayoría de las veces, esas historias funcionaban una y otra vez. Todavía uso algunas de esas historias hoy en día.

Desarrolla un cuadro de buenas historias. Una vez más, escríbelas si es necesario para recordarlas. Escribo sobre prácticas exitosas por dos razones. En primer lugar, me ayuda a entenderlos más a fondo. En segundo lugar, al escribirlos, puedo revisarlos y asegurarme de que todavía estoy usando lo que funciona. A veces, cuando me he encontrado en una rutina de ventas, vuelvo a revisar mi técnica exitosa, solo para descubrir que he dejado de usar algunas de ellas.

La preparación es un componente fundamental para una vida exitosa en curso... en todo lo que haces. Una vez que hayas determinado claramente lo que quieres de la vida y a dónde quieres ir, el siguiente paso es la preparación. Hay cosas en tu vida que tendrán que cambiar para que puedas lograr tus metas y planes.

Es absolutamente sorprendente la cantidad de personas que no saben a dónde van en sus vidas. Están flotando río abajo, yendo a donde quiera que vaya el río. Sin un plan o propósito, en el mejor de los casos, simplemente deambulan. Algunos son afortunados y aún así tienen su vida en buena forma. Luego está el gran número de personas que no pueden planificar, que llegan a la jubilación con casi nada. Luego se sorprenden al darse cuenta de que no han logrado el éxito en la jubilación. A menudo, culpan a alguien o a algo más cuando no obtienen lo que quieren de la vida. Les oigo culpar a los republicanos o a los demócratas, a las grandes empresas o a la mala suerte. No importa. El resultado es el mismo. Esto sucede si vives una vida sin preparación. Y cuando todo está dicho y hecho, no tienes a nadie ni nada a quien culpar más que a ti mismo.

Por lo tanto, estás leyendo este libro para prepararte. Al leer y comprender este material y luego aplicarlo, estás cambiando tu destino financiero final. Estás tomando el control de tu futuro financiero.

Actuar

Los grandes viajes comienzan con un pequeño paso. Si no actúa; Si no comienza; No lograrás nada y no irás a ninguna parte. Hay un adagio,

"¡Si no planeas tener éxito, estás planeando fracasar!" Esto es especialmente cierto en las ventas.

Estén decididos a que nada se interponga en su camino, y nada hará que se desvíen del camino que han elegido para ustedes mismos. ¡La mayor razón para el fracaso es la incapacidad de actuar! Una vez que hayas completado este curso de formación, tendrás un plan sistemático. Lo único que te queda por hacer es actuar. Construye un puente sobre los obstáculos y sigue con tu vida. Puedes enfrentarte a tus obstáculos y seguir adelante. Tomar medidas consistentes y decididas sobre tus objetivos a corto plazo cambiará tu futuro de manera dinámica.

Todo comienza con tu motivación

Algo motivaba a todos. Las personas descubren la motivación para trabajar, jugar o, a veces, simplemente vegetar. Siempre hay algo que te motiva a hacer algo. A medida que maduramos en la vida, nuestras motivaciones cambian. "Cuando tenía veintiún años", como dice la canción, "fue un año maravilloso". En aquellos días, el deseo de superación me motivaba... físicamente. Me gustaban todo tipo de deportes, correr y cualquier otra cosa que mejorara mi cuerpo físicamente. Una mujer que cautivó mi ojo también me motivó. Quería quedar bien para ella, conquistar a cualquier enemigo por ella y darle el mundo.

    Hoy estoy más motivado psicológica y espiritualmente, aunque esa mujer todavía puede girar mi cabeza. Estoy más preocupado por mi futuro de lo que estaba entonces. A los 21 años, estaba seguro de que no habría montaña que no pudiera escalar. Hoy a veces me pregunto si podré llevar el bote de basura a la acera. A medida que crecemos y cambiamos, también lo hacen nuestras motivaciones. Algunos siguen siendo los mismos, pero nos volvemos más realistas.

    La realidad de la vida exige que reevaluemos nuestra posición y dirección actuales. ¿Por qué? A medida que la vida se despliega ante nosotros, aprendemos cosas nuevas sobre su realidad. Por ejemplo, cuando era joven, no sabía lo cara que sería la vida cuando tuviera hijos. Por lo tanto, cuando tuve hijos, aprendí rápidamente que la cantidad de dinero con la que planeaba vivir no era suficiente. No había tenido en cuenta cómo la inflación y otros devoradores de dinero, como el interés de las deudas, acabarían con el mejor de mis planes. Al implementar mis metas, pude aumentar mis ventas. También tengo una motivación mucho mayor para tener éxito ahora que antes en mi vida. Tengo cuatro hijos, todas niñas. Mi motivación para ganar más dinero y proporcionarles un estilo de vida financieramente gratificante es grande.

¿Qué es lo que TÚ quieres de la vida? ¿Qué es lo que TÚ quieres que la vida te traiga, que buscarás activamente y por lo que trabajarás?

Necesitamos echar un vistazo largo y duro a nuestro futuro y a las cosas que amamos, para ver si realmente estamos en camino de enriquecerlas. ¿O estamos en un camino de destrucción? Si lo correcto no nos motiva y créeme cuando te digo que todos estamos motivados por algo, no lucharemos por nada. Te prometo que si no buscas nada, ¡seguro que lo conseguirás siempre!

Dado que todos estamos motivados de una manera u otra, el problema genuino se convierte en *lo que* nos motiva. Si nuestra principal motivación en la vida es lo bien que se está desempeñando nuestro equipo de fútbol favorito, entonces es poco probable que hagamos un esfuerzo adicional para nuestros planes de ventas. Necesitas un problema emocional que te motive a alcanzar la grandeza.

Cortés una vez desembarcó un ejército durante una de sus muchas conquistas, y después de desembarcar a los hombres, quemó todos los barcos que los habían llevado allí. Esto no dejó a su ejército ninguna vía de retirada. Quería motivar a su ejército para ganar las batallas que se avecinaban, y lo hicieron. ¡Es mejor que creas que un problema emocional, la amenaza de muerte, los motivó!

¿Te estoy diciendo que inventes un tema emocional para motivarte? ¡No! Te estoy diciendo que examines tu vida y tus planes, si los tienes, y que encuentres las verdaderas razones detrás de tu deseo de tener éxito. No se tratará solo de dinero... Es más que eso, se trata de libertad y se trata de elección. Te gustaría crear un orfanato en un país del Tercer Mundo. Si nos sentimos lo suficientemente fuertes acerca de algo, haremos cualquier cosa para lograrlo. Cuando vayas a cualquier distancia, para escalar cualquier montaña, o llevar cualquier carga, entonces no tendrás más remedio que tener éxito. Correr la carrera puede parecer difícil mientras estás en la carrera. Cuando terminas con un ganador, es mucho más fácil.

Los hombres y mujeres eminentes de la historia se negaron a ser apartados de sus tareas. Sus tareas eran a menudo muy duras. Los miramos y decimos: *"Si tan solo pudiera lograr eso"*. ¡Podrías! La gente suele citar la frase de Thomas Edison: "El genio es un 10 por ciento de inspiración y un 90 por ciento de transpiración". Si bien algunas personas que se han convertido en leyendas de la grandeza eran personas excepcionales, la mayoría eran simplemente personas dedicadas e incansables que se negaban a que se les impidiera lograr sus objetivos.

¿Cómo podemos mantenernos motivados?

Para mantenernos motivados, primero debemos comprender claramente nuestras propias motivaciones personales. Eso empieza por saber diferenciar entre lo que quieres y lo que te motiva.

Muchas veces, tengo el sabor de una hamburguesa. Pero el sabor de la hamburguesa no es lo que me motiva; Es la sensación de vacío en mi estómago lo que me motiva a comprar uno. Cuando compro un regalo para un ser querido, no es necesariamente su necesidad de lo que me motiva. Mi necesidad de sentir que he tenido un lugar prominente en proveer para que se piense en ellos como un buen proveedor; saber que estoy cumpliendo con una responsabilidad me motiva. "Conócete a ti mismo", *el antiguo aforismo griego,* que es tu comienzo.

Habilidad 2: Aprendizaje

¿Por qué no hacer tu primera presentación ya que te has preparado y practicado? ¡Buena idea! Este es el primer paso en tu proceso de aprendizaje. Cuando hagas tu primera presentación, es posible que descubras que tu prospecto no pierde el tiempo en decirte que no está interesado. ¡Pero estabas preparado para tener éxito! ¿Y ahora qué?

Por aprender, nos referimos a aprender de tu prospecto. Ahora necesita aprender qué convencerá a su cliente potencial de comprar lo que está ofreciendo. ¿Cómo averigua lo que se necesita para que respondan de la manera que usted desea? ¡Tú les preguntas! Comienzas tu proceso de aprendizaje haciendo preguntas de sondeo o abiertas diseñadas en torno a los conceptos de los programas de tu empresa. Por ejemplo:

En el caso de un programa de eliminación de deudas, podrías decir: *"¿Cómo te sientes con respecto a todas las deudas que hay en Estados Unidos?"* Una vez que respondan, sigue diciendo: *"¿Cuál crees que es una solución?"* Dales un poco de tiempo para que piensen en estas preguntas también y te den una respuesta. Su objetivo aquí es hacer que discutan sus finanzas personales con usted. La mayoría de las personas no quieren hacer esto, así que ten paciencia.

Siguiente pregunta:

—*¿Cuál cree usted que es el porcentaje del dinero que nos quitan a usted y a mí entre las autoridades fiscales y las empresas de crédito?* De nuevo, espera un momento. Esta podría ser una de esas preguntas que pueden tardar un momento o dos en asimilarse por completo. Es posible que su cliente potencial nunca lo haya visto de esta manera antes. Siempre han pensado en los tipos de la deuda como los buenos en el pasado. Se necesita un momento para que entiendan que podrías decir algo totalmente contrario a lo que entendieron hasta este punto.

No tengas miedo al silencio mientras tu prospecto considera tus preguntas. Dales tiempo para que respondan. Muchos vendedores inexpertos temen al silencio y continuamente vuelven a una presentación cuando el silencio parece demasiado largo. No todo el mundo tiene respuestas disponibles a sus preguntas. A algunas personas les gusta considerar las preguntas por un momento antes de responder. Si hace preguntas, espere una respuesta.

    Tienes que aprender a tener siempre preguntas abiertas para que tus clientes potenciales las respondan en tu cesta de herramientas preparadas. Estás tratando de educarte sobre la posición de tu cliente en relación con tu producto o servicio. Tu trabajo es hacer que hablen de su situación y luego escuchar. No empieces a entrar en una discusión de cita por cita con ellos. No es importante lo que tú pienses que es la realidad, sino lo que ellos piensan que es la realidad. Trata de escuchar más de lo que hablas. De vez en cuando, reitera lo que el prospecto te acaba de decir. Asiente con la cabeza a menudo y escucha.

Las personas no pueden dar respuestas con un simple sí o no a preguntas abiertas. Por lo general, son preguntas que comienzan con cómo, por qué o qué. ¿Cómo sucedió eso? ¿Por qué lo hizo? ¿Cuál es el razonamiento detrás de esa decisión? No puede responder a las tres preguntas con un simple sí o no. Harán que la gente hable. Una vez que hablen a menudo, si les das espacio, seguirán hablando. Cuanto más hablen, mejor se sentirán contigo y con tus productos.

Durante este tiempo, tome notas mentales o de papel. La mayoría de las veces, a tu prospecto no le importará si escribes lo que dice. De hecho, a menudo ocurre lo contrario. Sin embargo, si no está seguro, pregunte si está bien. Si escribes lo que dicen, sabrán que los estás escuchando. Una vez más, si hay alguna duda, pregúnteles si está bien.

Muestra un interés genuino en su punto de vista. No hay nada peor que escuchar a un prospecto decir: *"No, no estás escuchando lo que estoy diciendo".* Si escuchas esto, ¡deja de hablar, discúlpate y escucha! Asegúrate de que no solo estás allí, sino que realmente estás escuchando lo que dice el prospecto. El éxito de la venta depende de tu capacidad para mostrar cómo tu producto o servicio puede resolver los problemas del cliente potencial o satisfacer sus necesidades. Para lograr esto, debes saber cuáles son sus necesidades. Escucha y te lo dirán.

Habilidad 3: Educación

Una vez que haya aprendido sobre la situación de las necesidades personales del prospecto, puede comenzar el proceso de educación. Aquí es donde les cuentas sobre las realidades del entorno actual en el que se encuentran. Les demuestras que tus productos y servicios son formas que tienes para que puedan enfrentar con éxito su desafío o necesidad. Les dices por qué tu producto o servicio es el que mejor se adapta a sus necesidades.

El proceso de educación y aprendizaje, como verás, puede ir y venir muchas veces antes de que la solución final esté lista. Puede educar a su prospecto y luego descubrir que hay otro problema relacionado con lo que ya le ha explicado. Debes volver inmediatamente al modo de aprendizaje para asegurarte de que entiendes completa y completamente lo que quiere el prospecto. Aquí no hay límite de tiempo. Una vez pasé casi dos años en estos dos pasos con un cliente. ¿Valió la pena? Hicimos una venta multimillonaria con apoyo continuo durante los años siguientes. Eso creo.

Una vez que hayas completado suficientemente estos pasos, puedes apresurarte al último paso. Esto es una simplificación excesiva. El proceso de venta real puede llevar mucho tiempo para las conversaciones de ida y vuelta. Es por eso que sigues prospectando para mantener tu embudo de ventas lleno.

Ventaja competitiva

Las preguntas deben provocar afirmaciones positivas. Preguntas como esta llevan a las personas al pensamiento o estado de ánimo correcto. <u>Conocer las fortalezas que hacen que su empresa o productos se destaquen es esencial.</u> ¿Son más baratos, mejores, diferentes a todo lo anterior? Sepa por qué el cliente debería comprarle antes de entrar en el cliente. Tenga hechos y cifras listos para dárselos en caso de que lo pregunten.

Es posible que debas identificar las fortalezas únicas de tus productos o servicios. Muchas empresas simplemente crean materiales de venta que se ven realmente geniales pero tienen poco valor cuando realmente se trata de la venta de los productos o servicios. Estas empresas no pueden reconocer su propia ventaja única sobre su competencia. Debe haber una razón o razones por las que sus productos son mejores que los de la competencia. Descubre de qué se trata.

Cada empresa tiene algo que la diferencia de su competencia. La estrategia corporativa se centra en obtener una ventaja sobre los competidores. Ninguna empresa está exenta de competidores. Si está en el negocio por su cuenta, su negocio tiene competidores. Es posible que sus competidores no estén vendiendo los mismos productos. Es posible que tengan productos alternativos. Puede competir con una empresa de Internet. ¿Por qué su producto es una mejor opción? Esa es una pregunta que debes responder porque alguien te la hará en algún momento. Si no puedes ser mejor que tus competidores, tal vez valga la pena explorar un producto único que te diferencie de tus competidores.

Su fortaleza en comparación con la competencia podría ofrecer costos más bajos. ¿Por qué es importante para tu prospecto? Puede ser la diferencia que mejore tu producto. Podría ser el servicio al cliente o el tiempo de respuesta. Algo que diferencia a tu producto o servicio de la competencia es lo que estás buscando. Eso es lo que necesita saber y enfatizar cuando está con prospectos y clientes. Cuando la competencia entra en la refriega, tu prospecto, o cliente, necesita saber por qué debería comprarte o quedarse contigo.

Habilidad 4: Cierre

Ahora estamos en el lugar donde generamos el dinero. Y no estoy seguro de por qué este es uno de los pasos más difíciles en el proceso para los nuevos vendedores. Cerrar no es realmente una habilidad difícil de lograr si has hecho tu trabajo correctamente. Si tu prospecto todavía está contigo después de todo el trabajo anterior, está muy interesado. Solo tienes que preguntarles:

"¿Podemos empezar ahora?" o "¿Te gustaría comprar uno?" ¡<u>Sí, es así de simple</u>! ¿Por qué perder más tiempo tuyo y el de tu cliente potencial? No va a mejorar. Pregunte ahora. A menudo, el cliente está esperando a que preguntes. Están pensando en sus mentes cómo responderán si les preguntas. Vamos, ¿qué haces cuando un vendedor está a punto de preguntarte si quieres comprar? Tu prospecto no difiere de ti. Dales la oportunidad de decir sí o no. Entonces sabrás dónde estás parado.

Si te dicen que sí, pon en marcha la documentación y no te andes con rodeos. Ten cuidado de no deshacer una venta hablando largo y tendido hasta que digas algo que impida que el cliente compre. He escuchado a los vendedores hablar sobre por qué otros cometieron errores al no comprar los productos. Eso puede ser contraproducente y hacer que tu prospecto reconsidere su decisión. En su lugar, dígale al nuevo cliente que tomó la decisión correcta y usted estará allí para ayudarlo a ver el valor real que compró hoy.

Si te dicen que no, pregúntales por qué. La mayoría de las veces, le dirán por qué no están dispuestos a comprar ahora. Si es algo que no cubriste, entonces tienes otra oportunidad. Si no te dan una respuesta adecuada, es posible que hayas perdido el tiempo con alguien que no era un prospecto genuino. Sucede. Anótalo a la experiencia y pasa al siguiente prospecto. Si decides seguir adelante, sé profesional. Dígales que si cambian de opinión, usted está disponible para ellos y váyase.

Su presentación completa

La mayoría de las presentaciones completas duran aproximadamente una hora. Cualquier presentación que dure más de una hora, es mejor que sea la categoría de premios de la academia o perderá al prospecto. Te reunirás con prospectos todos los días, en todo tipo de circunstancias y con diversos conflictos o limitaciones de tiempo que te impedirán hacer una presentación completa. La dificultad surge cuando a veces te encuentras en la posición de tener que hacer una breve presentación o perder a un prospecto interesado.

Tenga en cuenta que dar solo una parte de una presentación probablemente le dará al prospecto la información suficiente para decir que no. Así que, si no vas a terminar de hacer tu presentación, ¡no empieces! Trate de programar una cita para darles una presentación completa. A veces la gente no tiene tiempo para una presentación completa. Para remediar esto, todos deben tener una presentación de prospección que puedan dar en unos veinte minutos. Esta presentación te lleva a la última cita en la que puedes dar toda la bola de cera.

Su presentación de prospección

Su presentación de prospección es una breve introducción a lo que hace, los servicios que brinda y cómo se beneficiará el prospecto. Tiene que llegar al núcleo de forma rápida y eficaz. A la hora de hacer este tipo de presentación a los mejores prospectos del mercado, es importante utilizar un formato muy personalizado. Por esta razón, dejamos que tú desarrolles tu propia presentación utilizando el formato que te resulte más cómodo para transmitir a alguien que conoces personalmente. Sé breve y preciso para captar el interés del prospecto. Debes sentirte cómodo con esta presentación. Si te sientes mal, cámbialo. Debe fluir con facilidad y sin problemas.

Repasemos los puntos importantes de la creación de tu presentación de prospección.

1. Tu presentación de prospección debe tener un objetivo.

Primero debes decidir lo que estás tratando de lograr. La mayoría de las veces, su presentación tendrá otra oportunidad para ellos; ¿Rara vez alguien comprará o se unirá a algo en veinte minutos? Lo que tienes que hacer es conseguir que los prospectos asistan o permitir una de tus presentaciones completas, para que tengan suficiente información para tomar la decisión correcta.

2. Preséntate

Antes de que alguien esté listo para escuchar lo que le estás ofreciendo, necesita saber un poco sobre quién eres. Como un prospecto de mercado cálido, conocen su nombre, y probablemente un poco más sobre usted de lo que lo haría un extraño.

Pero, ¿saben que comenzaste tu propio negocio o expandiste tus servicios? Aquí es donde captas su interés. Desde el punto de vista de la prospección, puedes enviar cartas a tu lista de candidatos informándoles de tu nueva empresa o puesto de ventas y de lo que ofreces. Mantén la carta informal, pero ve al grano de por qué exactamente te estás comunicando con ellos. Sé directo y directo. Mucha gente quiere muchas cosas en la vida. Algunas de esas cosas las venderás. Te comprarán si, de hecho, saben que los estás vendiendo.

3. Hazles preguntas

Su presentación de prospección de veinte minutos debe comenzar describiendo el problema que está tratando de resolver con su producto o servicio. Lo haces haciéndoles preguntas. Estos son algunos ejemplos, una vez más, utilizando la eliminación de deudas como nuestros productos y servicios:

- ¿Sabías que el 96 por ciento de los estadounidenses fracasarán financieramente? — Estadísticas del Departamento de Salud y Servicios Humanos.
- ¿Sabías que eres un millonario en ciernes?—Si ganas 25.000 dólares al año durante cuarenta años, eso equivale a 1 millón de dólares.
- ¿Sabías que las instituciones financieras están listas para confiscar hasta el ___% de tu riqueza futura?
- ¿Te gustaría ver cómo podrías jubilarte con éxito?

Este tipo de preguntas revelarán los problemas que enfrenta la gente en Estados Unidos hoy en día y, con suerte, llamarán su atención rápidamente. Luego, puede hacerles saber que hay opciones disponibles para ellos que quizás no conozcan. Ahora puedes mostrarle al prospecto que tienes soluciones que tienen sentido para ellos.

4. Muéstrales los beneficios

No cometas el error de dar a tus prospectos un dato tras otro sobre cómo funciona el sistema. A la gente no le interesan los hechos, ¡quieren beneficios! (Recuerde: WIIFM: ¿qué hay para mí?) Tu prospecto tampoco está interesado en tus victorias personales a menos que puedas mostrarle la forma en que le traerá la victoria. No quieres decirles cómo funciona el sistema, sino lo que hará por ellos.

Ejemplos:

(HECHO) El Curso <u>Aprende a Vivir Financieramente Gratis</u> les enseñará todo lo que necesitan saber sobre finanzas personales.

El curso <u>Aprenda a Vivir Financieramente Libre</u> le enseñará cómo crear y mantener la cantidad máxima absoluta de su dinero duramente ganado y cómo lograr la libertad financiera.

(HECHO) El curso <u>Aprenda a Vivir Financieramente Libre</u> le mostrará cómo reducir los pagos de intereses.

Por lo tanto, ¡podría ahorrar cientos de miles de dólares en intereses y tener dinero trabajando para usted en lugar de para sus acreedores!

(HECHO) Deducirá legalmente el dinero que ya está gastando.

(BENEFICIO) Ahorrando miles de dólares en sus impuestos. Y puedes tomarte vacaciones; Pasa más tiempo con tu familia.

(HECHO) Aprenderás a ahorrar y/o invertir de manera más inteligente.

(BENEFICIO) Crearás un futuro financiero que cambiará tu familia para siempre.

Ten en cuenta que el beneficio es lo único que realmente le interesa al prospecto. Quieren saber cómo les beneficiará toda esta información que estás vertiendo. Están interesados en el valor del resultado que estás proponiendo.

5. Tu testimonio

La venta de cualquier tipo, ya sea un producto, un servicio o un concepto, es, en última instancia, una transferencia de creencia... transfieres tu creencia en el producto, servicio o concepto al cliente potencial. Esta es la razón por la que debe ser un producto del producto, si es posible. Una vez que experimentas la satisfacción a nivel personal, transmites esa convicción y satisfacción a tus prospectos. ¿Venden seguros? Entonces cómpralo para ti. ¿Vendes coches? Luego compre un auto que venda. ¿Ofrecen servicios? ¿Usted o alguien cercano a usted los ha usado alguna vez? Una de las herramientas de ventas más sólidas es una historia real personal sobre el producto o servicio. Si un cliente te cuenta una historia de éxito personal, escríbela y pregúntale si puedes usarla. La mayoría de las veces, estarán emocionados de dejarte usarlo. Los testimonios personales son una poderosa herramienta de ventas. No inventes nada. Esto es deshonesto y eventualmente volverá a perseguirte. Busca una historia real.

6. Compromiso

Conseguir que el cliente potencial se comprometa con el interés de conocer más sobre sus productos o servicios en la primera reunión le da la ventaja que necesitará para volver a ponerse en contacto con él. Podrás aumentar los niveles de interés a lo largo de la presentación. Esté atento a las indicaciones de su vínculo emocional con lo que está diciendo.

A veces puedes programar una presentación completa con ellos en tu primera reunión. De lo contrario, puede programarlo en su próxima reunión. Su próximo contacto debe ser dentro de las 48 horas. Este contacto a veces puede cerrar la venta, pero por lo general se necesitan varios contactos: algunos para descubrir inquietudes y preguntas, otros para proporcionar respuestas a sus preguntas y, finalmente, para completar las solicitudes o el papeleo. En última instancia, su objetivo es convencerlos de que le den la oportunidad y el tiempo para abordar todas sus preocupaciones y ayudarlos a tomar una decisión informada.

7. Cerrar

El final de tu presentación vuelve a tu objetivo. La única forma de cerrar es pedirles lo que buscas, una venta. No hay un gran secreto para cerrar. Todo se reduce a pedir la venta. Si no preguntas, te garantizo que no obtendrás un compromiso de ellos cada vez ... ¡Así que pregunta!

A medida que desarrolles tu presentación, pruébala con alguien que conozcas o en tus reuniones de capacitación organizacional si las tienes. Este es un entorno de aprendizaje; Allí aprenderás, y los demás aprenderán de ti.

Presentación personal

Su Presentación de Prospección es una introducción a la Presentación Personal Completa, que es su presentación completa. Ya sea que se sienta cómodo hablando en público, tener una presentación personal completa hace que su presentación fluya más suavemente, se mantenga consistente y transmita un mensaje profesional y bien informado. Muchas veces, tu empresa tendrá una presentación que funcionará. Solo intente un nuevo enfoque si la presentación actual no es efectiva. Muchas industrias no te permiten crear tu propia presentación, así que tenlo en cuenta también.

Cuanto más profesional se vea tu presentación, más profesional te verás. Recuerde, solo tiene una oportunidad para causar una primera impresión. PowerPoint es una herramienta de presentación profesional si sabes cómo usarla y es fácil de aprender si nunca la has usado antes. Los materiales de venta de la empresa a menudo se ven muy bien, pero no transmiten beneficios. Por lo tanto, si utiliza materiales de la empresa, asegúrese de transmitir beneficios si los materiales no lo hacen.

    Cualquiera que sea el método que prefiera utilizar para su presentación, encontrará que una presentación profesional brinda constantemente a sus prospectos la información que necesitan para tomar la decisión correcta para alcanzar sus objetivos financieros. A medida que haces la misma presentación profesional repetidamente, se vuelve más fácil. Cuanto más fácil sea, más profesional parecerá al cliente potencial. El prospecto está buscando confianza de su parte. Si perciben una falta de confianza en tu presentación, mirarán con recelo tu producto o servicio.

La clave para que tu presentación salga sin problemas es la práctica. Practica mucho, conoce tus productos y servicios íntimamente y construye una conexión emocional con ellos para que tu presentación salga sin problemas. Si tienes una presentación que vino de tu empresa o proveedor, sácala y practica la lectura del guión y el uso de la presentación hasta que la conozcas al revés y hacia adelante. Desarrollarás un nivel de comodidad muy temprano en tu práctica simplemente porque los estás haciendo una y otra vez. Practicar tu presentación también te ayuda a aumentar tu conocimiento sobre la necesidad de tus productos y servicios.

Uno de los beneficios importantes de conocer íntimamente tu presentación es cuando el prospecto te saca del orden de la presentación con una pregunta. Hay dos maneras de responder a estas distracciones. Primero, puedes decirles que llegarás a eso más adelante en tu presentación. Esto puede o no aplazar la pregunta para más adelante en su presentación. Sin embargo, es posible que el cliente quiera la respuesta en ese momento. Aquí es donde conocer tu presentación por dentro y por fuera se vuelve valioso. Puedes pasar rápidamente a esa parte de la presentación, responder a las preguntas del cliente potencial y luego volver a donde lo dejaste originalmente. Puedes lograr esto sin problemas y profesionalmente si conoces tu presentación lo suficientemente bien.

¿Y si dicen que no?

Si te dicen que no, entonces no has completado una de tus tareas correctamente o no es un prospecto válido. O no has aprendido cuáles son realmente sus necesidades, o no los has educado en el hecho de que realmente tienes la única respuesta.

Si esto sucede, vuelva al paso de aprendizaje. Empieza a hacer preguntas:

"¿Qué es lo que no entiendes de lo que nuestros programas pueden hacer por ti?"

y/o

"Lo siento. Debo haber dejado algo fuera. ¿Hay algo aquí que pueda haber pasado por alto?

Una vez que respondan a sus preguntas por completo, puede comenzar el proceso educativo nuevamente en función de lo que le dijeron. Si te hacen una pregunta que no puedes responder, no adivines una respuesta. La gente es lo suficientemente inteligente como para saber que no podemos saberlo todo sobre todo. Pregúnteles si saber la respuesta a esa pregunta es importante para que decidan comprar o unirse. A veces solo están interesados en la respuesta, y realmente no tiene nada que ver con si la compran. Puedes perseguir a un conejo sin importancia si no se lo pides. Si la pregunta es importante, simplemente diles que obtendrás la respuesta y ponte en contacto con ellos. Luego, programe una cita con ellos para reanudar su conversación. O llame a su supervisor o a alguien que tenga más conocimiento sobre el problema que se está planteando.

Tenga en cuenta que, si hay un problema del que no es consciente, debe aprenderlo. Entonces, y solo entonces, puede educar a su cliente potencial sobre la solución adecuada. Simplemente siga yendo y viniendo a través de los pasos hasta que los venda o se convenza a sí mismo de que está perdiendo el tiempo en continuar con ellos más allá.

Este proceso rara vez se lleva a cabo en una sola reunión. El seguimiento es una clave primordial para el éxito de las ventas. Según la Asociación de Vendedores Profesionales y la Asociación Nacional de Ejecutivos de Ventas:

2%   de las ventas son exitosas en el 1er contacto.

3%   de las ventas son exitosas en el 2º contacto.

5%   de las ventas son exitosas en el 3er contacto.

10% de las ventas son exitosas en el 4º contacto.

80% de las ventas son exitosas en el 5º - 12º contacto! ¿Cuántos seguimientos debo hacer, tantos como sean necesarios para realizar la venta? Si mantienes tu embudo de prospección lleno, esperar a que cualquier prospecto se cierre no te matará. He esperado más de dos años para que algunos clientes cierren. Si no me hubiera mantenido ocupado, me habría muerto de hambre.

El paso <u>de aprendizaje</u> puede estar en las dos o tres primeras reuniones, y el proceso educativo en la última o dos. Mostrar flexibilidad; Es posible que se necesiten dos reuniones... Puede que tarden veinte.

Si sigues llenando tu embudo de prospectos, cada vez más ventas salen por el otro extremo. Un error que cometen muchos vendedores es dar demasiada prioridad a un prospecto, sin importar cuán grande sea. A todo el mundo le gustaría cerrar la ballena. Para la mayoría de los vendedores, la mayor parte de sus ingresos provendrán de ventas más pequeñas. Solo debes saber que debes completar este proceso antes de poder cerrar con éxito la venta.

Sistema™ de VENTAS

Utilizamos el acrónimo SALES para describir el poderoso proceso de ventas que creará su éxito de ventas continuo.

Onda sinusoidal

Esta onda sinusoidal ilustra el flujo de información entre el vendedor y el cliente potencial.

Perspectiva

Start out by sending info.

If they respond... they have sorted themselves.

The prospect wants the program personalized for them and asks questions... you listen for their real

The prospect is conveying what they need to learn to go forward.

Sort   **L**earn   **S**atisfy

You must listen.

Activate   **E**ducate

Once they've shown interest, you activate them by starting them on a track as a real prospect.

Personalize their education – when they respond with a question, you respond with the answer.

T ú

Direction of primary information flow.

La línea de base muestra la separación entre usted y el cliente potencial. Anote la dirección del flujo de información y en qué lado de la línea de base se encuentra la actividad.

- En la fase de clasificación, los prospectos esencialmente se clasifican a sí mismos

80

respondiendo o no respondiendo a un intento de prospección.

• Al recibir su respuesta positiva, los activas haciendo tu presentación de prospección.

• En la fase de aprendizaje, el prospecto responde con preguntas e inquietudes, y usted escucha atentamente para encontrar las preguntas fácticas que necesita responder para que decida comprar. Esto se basa en lo que escuchó al prospecto decir que necesitaba aprender. Debes escucharlos y aprender por ti mismo.

• La fase de educación es su respuesta a las preguntas e inquietudes del prospecto. Esta es la respuesta a lo que aprendiste en la fase anterior.

• Una vez que resuelvas todas las preguntas e inquietudes del prospecto, satisfarás sus necesidades. Ahora están listos para unirse.

Ordenar   Activar   Escuchar   Educar

Satisfacer ™

S - *Ordenar*

La clasificación o prospección es el paso en el que estás llenando el embudo con personas que están respondiendo a tu oferta inicial. Este es su primer contacto real con o de sus prospectos, por lo que debe ser su mejor esfuerzo desde el principio. Asegúrese de darle al prospecto los beneficios como WIIFM (¿Qué hay para mí?), siendo "yo" ellos. Comenzaremos con quién contactar.

Mercado cálido:

_____
_____
_____

Mercado frío:

A - Activar

Este es el paso en el que interactúas con el prospecto. Ha expresado interés en el producto o servicio que usted ofrece. Ahora están listos para escuchar más detalles. Podrías hacer la presentación completa en este punto. No importa si esa presentación es sobre los productos o el servicio, siempre y cuando sea una parte probada del Sistema™ SALES.

L - Aprender

Su prospecto ha escuchado la presentación en este punto. Si has hecho tu presentación de manera correcta y profesional, ya sea en persona, por correo, por correo electrónico o a través de tu sitio web, aprenderás de dónde viene el cliente en este paso. Le informarán de las áreas que necesitan para aprender más sobre cómo tomar la decisión adecuada. El prospecto quiere que le des razones para comprar. Este es TU proceso de aprendizaje, y dedicarás la mayor parte de tu tiempo a escuchar lo que tienen que decir. No les des respuestas aquí. Debe asegurarse de comprender completamente sus necesidades. Es posible que al principio no recibas la pregunta real, pero a medida que sigan hablando, surgirá la pregunta o preocupación correcta. De este modo, podrá abordar sus necesidades <u>tal y como las ven</u>.

E—Educar

En este momento, deberías haber encontrado el enlace que conectará las necesidades emocionales del prospecto con uno o más de los beneficios de tu producto o servicio. Ahora tienes que dejarles clara esa conexión. Aquí es donde les das los hechos y realidades que son soluciones a los problemas que ellos mismos han identificado en la fase de Aprender. Mantenga la respuesta en términos de lo que le han mostrado. Use sus propias palabras donde sea que encajen en la presentación. Por ejemplo, "Dijiste que... era importante para ti. Así es como resolvemos ese problema". Al encerrar tu respuesta dentro de sus propias palabras, creas una conexión con su necesidad de tu producto o servicio.

S—Satisfacer

Has identificado y satisfecho todas las preguntas y preocupaciones de tu prospecto en este punto. Ahora pueden ver una solución viable en uno de sus productos o servicios y están ansiosos por comenzar. Ahora pasan de prospecto a cliente. Aquí es donde los cierras. No lo dudes y no te pongas demasiado prolijo. Si te dicen que quieren comprar, lo primero que haces es rellenar la documentación o cargar el ordenador de la forma en que tomas tus pedidos.

Ordenar ➤ **Activar** ➤ **Aprender** ➤ **Educar** ➤ **Satisfacer**

    La siguiente sección es lo que yo llamo el buscador de prospectos. Esta es una herramienta para refrescar la memoria y abrir ideas sobre con quién hablar. Pasa un tiempo de calidad pensando en a quién conoces o con quién podrías contactar. Pídele a las personas que te recomienden si crees que las conoces lo suficientemente bien. Si es cierto, solo hay seis grados de separación entre todos en el planeta, tendrá una lista de contactos bastante grande después de un corto tiempo de trabajar en su lista de prospectos.

Buscador de prospectos

Haz una lista de todas las personas que conoces, incluyendo toda la información que tengas disponible sobre ellas. Considere las siguientes posibilidades:

- Familiares.
- Amigos.
- El médico que usted vio.
- Tu estilista.
- La persona que reparará su automóvil.
- La persona responsable de las cajas en la tienda de comestibles.
- El maestro de su hijo.
- Otros maestros, ya sabes.
- El agente que maneja su seguro.
- Personas con las que trabajas.
- Personas con las que vas a la iglesia.
- El dueño de la ferretería.
- Tus vecinos.

- Servidores que ya conoces.
- El dueño del restaurante local que frecuentas.
- Su concesionario local de autopartes.
- Su dentista.
- El dueño de la gasolinera.
- Su cartero.
- Un contratista con el que trabajaste recientemente.
- Su abogado.

Y muchos otros con los que entras en contacto todos los días. Debe comenzar con una lista de al menos 100 nombres.

Nombre	Dirección	Ciudad, Estado, Código Postal	Teléfono
¡dirección de correo electrónico!			
1. _____	_____	_____	_____
2. _____	_____	_____	_____
3. _____	_____	_____	_____
4. _____	_____	_____	_____
5. _____	_____	_____	_____
6. _____	_____	_____	_____
7. _____	_____	_____	_____
8. _____	_____	_____	_____
9. _____	_____	_____	_____
10. _____	_____	_____	_____

11. _____
12. _____
13. _____
14. _____
15. _____
16. _____
17. _____
18. _____
19. _____
20. _____
21. _____
22. _____
23. _____
24. _____
25. _____
26. _____
27. _____
28. _____
29. _____
30. _____
31. _____
32. _____
33. _____
34. _____
35. _____
36. _____
37. _____
38. _____
39. _____
40. _____
41. _____
42. _____
43. _____
44. _____
45. _____
46. _____
47. _____
48. _____
49. _____

50. _____ _____ _____ _____
51. _____ _____ _____ _____
52. _____ _____ _____ _____
53. _____ _____ _____ _____
54. _____ _____ _____ _____
55. _____ _____ _____ _____
56. _____ _____ _____ _____
57. _____ _____ _____ _____
58. _____ _____ _____ _____
59. _____ _____ _____ _____
60. _____ _____ _____ _____
61. _____ _____ _____ _____
62. _____ _____ _____ _____
63. _____ _____ _____ _____
64. _____ _____ _____ _____
65. _____ _____ _____ _____
66. _____ _____ _____ _____
67. _____ _____ _____ _____
68. _____ _____ _____ _____
69. _____ _____ _____ _____
70. _____ _____ _____ _____
71. _____ _____ _____ _____
72. _____ _____ _____ _____
73. _____ _____ _____ _____
74. _____ _____ _____ _____
75. _____ _____ _____ _____
76. _____ _____ _____ _____
77. _____ _____ _____ _____
78. _____ _____ _____ _____
79. _____ _____ _____ _____
80. _____ _____ _____ _____
81. _____ _____ _____ _____
82. _____ _____ _____ _____
83. _____ _____ _____ _____
84. _____ _____ _____ _____
85. _____ _____ _____ _____
86. _____ _____ _____ _____
87. _____ _____ _____ _____
88. _____ _____ _____ _____

89._____
90._____
91._____
92._____
93._____
94._____
95._____
96._____
97._____
98._____
99._____
100._____

Cada vez que conozcas a alguien nuevo, agrégalo a tu lista de Prospect Finder. Mantén tu lista activa y en crecimiento.

Ordenar Activar Aprender
Educar Satisfacer

Buscador de prospectos en curso

Haz una lista de todas las personas que conoces, incluyendo toda la información que tengas disponible sobre ellos (reproduce este formulario tantas veces como sea necesario, agrega nuevas personas con frecuencia y mantén activa tu lista de Prospect Finder):

Nombre   Dirección Ciudad, Estado, Código Postal   Teléfono, dirección de correo electrónico.

1._____
2._____
3._____
4._____
5._____
6._____
7._____
8._____
9._____
10._____

11. _____
12. _____
13. _____
14. _____
15. _____
16. _____
17. _____
18. _____
19. _____
20. _____
21. _____
22. _____
23. _____
24. _____
25. _____

Diagrama de flujo del sistema™ *de ventas*

S Sort: lista de mercado cálido: amigos, familiares, compañeros de trabajo, etcétera. Compre o cree una lista de mercado.

A Activar: cuando el prospecto responda, actívelo en su sistema. Haz una presentación.

Si no recibe respuesta en este momento, guarde la información de los clientes potenciales en el archivo para usarla en el futuro.

L Aprender: obtenga comentarios de la presentación. Si no hay respuesta, ejecute una segunda carta de prospección, correo electrónico o llamada telefónica.

E Educar: el prospecto puede viajar de adelante y hacia atrás desde esta fase hasta la fase de aprendizaje a medida que obtiene una mejor comprensión de su propósito. Cuando el prospecto responde, hace preguntas, identifica inquietudes. El prospecto preguntará lo que quiere saber; Debes escuchar y aprender.

Tu trabajo es escuchar, aprender y responder a las preguntas del prospecto. Tómese su tiempo y vuelva a las fases anteriores siempre que sea necesario para asegurarse de que el prospecto tenga una comprensión completa.

Si no hay respuesta, intente una segunda presentación para aclarar cualquier malentendido.

S Satisface: cuando responda y aborde todas las preguntas e inquietudes, comience el proceso de cierre ayudando al prospecto a completar toda la documentación necesaria.

Gestión de las relaciones con los clientes (CRM)

¿Cómo es que los grandes vendedores siguen teniendo grandes ventas año tras año? Se vuelven grandes al administrar sus clientes y su base de prospectos. Muchas empresas llamarán a esta base de datos su "libro de negocios". Básicamente, son todas aquellas empresas, gerentes o individuos de los que tienes conocimiento y que tienen conocimiento de ti. La clave para las ventas continuas es administrar esta base de datos de manera efectiva.

Como dice el viejo refrán, "los mejores lugares para buscar nuevas ventas son aquellos que has tenido ventas en el pasado". Lo haces manteniéndote en contacto con ellos y proporcionándoles un valor continuo.

La mayoría de los grandes vendedores realizan un seguimiento de la información importante sobre sus prospectos y clientes para su uso futuro. He aquí un ejemplo: supongamos que está hablando con un cliente potencial y está tratando de concertar una cita con él. Le dicen que no pueden hacer una cita la próxima semana porque es su aniversario y van a llevar a su cónyuge de viaje. Ahora puede enviar al prospecto una tarjeta de aniversario. ¿Crees que eso les impresionará?

Supongamos que no haces la venta y llega el año siguiente y les vuelves a enviar una tarjeta de aniversario y les deseas lo mejor. ¿Crees que eso les causará una impresión? Hacer ventas es cuestión de tiempo. Es posible que no realice la venta hoy, pero si permanece en el juego, puede realizar la venta la próxima vez.

Supongamos que un prospecto le dice que su hijo va a ingresar en la Infantería de Marina. Sigues tu reunión con una nota de agradecimiento por el servicio de su hijo al país. ¿Crees que eso tendrá un impacto?

¿Crees que recordar los cumpleaños de los niños, o que un niño se gradúa de la universidad en un mes, o que a un cónyuge le encantan los regalos únicos, o cualquier pequeño dato te diferenciará de todos los demás vendedores que intentan conseguir el negocio de tu prospecto o cliente? ¡Seguro que sí!

Los grandes vendedores escriben la información importante y la tienen a mano. Revisan la información del cliente periódicamente para ver si hay alguna forma en que puedan afectar positivamente a su prospecto o cliente. Hay muchos paquetes de software de gestión de contactos baratos que pueden ayudar a realizar un seguimiento e informar de los próximos eventos para clientes potenciales y clientes.

Sin embargo, estos paquetes de software son tan buenos como la persona que los usa. Si no está dispuesto a usar estos paquetes, no lo ayudarán. Es como todos esos videos de ejercicios. Los compro todo el tiempo y tengo muchos videos en mi estantería. Sin embargo, no he perdido ni una libra por poseerlos. Mi análisis: no funcionan... o tal vez.... No he trabajado.

Mantenga sus archivos actualizados con cualquier información nueva que obtenga sobre sus prospectos o clientes. Nunca se sabe qué marcará la diferencia o cuándo. Pero, al tratar a las personas como seres humanos vivos que merecen su atención al detalle, obtendrá la máxima venta de estos prospectos o clientes.

¿Qué pasa si el prospecto no es realmente adecuado para mis productos o servicios? Todo el mundo conoce a un montón de personas y empresas que tú no conoces. Al mantenerte al día con las personas, te mantienes a ti mismo y a tu negocio en la cima de su mente comercial. Si alguien se acerca a ellos que necesita lo que ofreces, le hablarán de ti porque te has ganado su confianza. Esta es la esencia y el poder de las redes. Esta es la razón por la que el networking es tan importante.

El CRM es un proceso continuo. No es un programa de software, aunque existen excelentes paquetes de software y sitios web que pueden ofrecer actividades excepcionales de CRM. Salesforce es probablemente el sitio de CRM más conocido. CRM, Gestión de Relaciones con el Cliente/Cliente, es un proceso mediante el cual se lleva a cada prospecto/cliente a través de un proceso de educación y construcción de relaciones. La clave es la construcción de relaciones.

En el pasado he configurado paquetes de software CRM para gestionar múltiples contactos con el cliente potencial a través de diferentes medios. En primer lugar, podría ser un contacto por correo. En segundo lugar, podría ser por correo de nuevo. En tercer lugar, podría ser una llamada telefónica. La cuarta podría ser en persona.

Cada uno de los tres primeros contactos discutiría los diferentes beneficios de mi producto o servicio. De esta manera, los educaría con cada contacto mientras los preparaba para una posible presentación completa.

Crearía una pista y llevaría a cada prospecto a través de este mismo proceso. Algunas de mis pistas de ventas tenían hasta diez pasos distintos y un paso a largo plazo si el prospecto se enfriaba, como un año entre contactos.

Con un proceso como este, podía monitorear y saber en qué etapa se encontraba cada prospecto. Sabría qué paso era el siguiente para cada prospecto individual. Todo lo que tenía que hacer en ese momento era seguir agregando prospectos al embudo de ventas. A continuación, gestionaría a cada cliente potencial como un individuo mientras construía una relación con ellos.

Aquí es donde también guardaría toda la información personal y las fechas que obtuve de las conversaciones con el prospecto o cliente. Podría establecer avisos para enviarles cartas o tarjetas para artículos especiales como aniversarios o cumpleaños, o cualquier otra cosa que pudiera ser importante para ellos.

Comprender los tipos de personalidad únicos

Las personas son como los copos de nieve: no hay dos exactamente iguales. Sin embargo, hay cuatro tipos de personalidad distintos con comportamientos y estilos sociales similares. Si bien cada persona tiene elementos de los cuatro estilos, casi siempre enfatizan uno sobre los demás. Es un hecho absoluto que cuando te acercas a alguien con nueva información, especialmente si estás tratando de venderle algo, debes ofrecerle la información en SU ESTILO SOCIAL, ¡no el tuyo!

Estos son los cuatro estilos:

ANALÍTICO: Orientado hacia los detalles y los números, aprende leyendo, ordenado, lento para decidir, le gusta la prontitud, odia equivocarse, deliberado, quiere hechos-hechos-hechos.

Cómo abordarlo: Proporcionar toneladas de información. Dales hechos, no palabrerías, verificaciones, no visiones. Hazlo por los números. Dales un lápiz y papel y deja que calculen sus propios ahorros potenciales.

CONDUCTOR: Frío e impersonal, fáctico y lógico, revela fácilmente las expectativas, orientado a los resultados / resultados, tomador de alto riesgo, rápido para decidir, consciente del tiempo, muy directo, un tipo de persona que "lo hace".

Cómo acercarse: Establezca el control; hágales saber que usted es una persona que se hace cargo. Desafíelos diciendo: "Trabajemos juntos y veamos qué tan pronto podemos tener una solución para usted".

AMABLE: Muy accesible, receptivo y cooperativo, paciente y leal, lento para decidir, apoya las ideas de los demás, no es consciente del tiempo, generaliza, orientado a las relaciones / personas.

Cómo acercarse: Eres su amigo y lo ayudarás en cada paso del camino. Hágales saber todo el dinero que ahorrarán y cómo ha afectado su vida. Le encanta escuchar historias. Comparte información con ellos.

EXPRESIVO: Muy creativo, necesita el apoyo de los demás, toma decisiones rápidas, toma riesgos moderados, no es consciente del tiempo, visionario, generaliza, habla más de lo que escucha, Sr./Sra. Animador.

Cómo acercarse: Dirija su atención hacia el sueño, la visión, la sensación de libertad, la emoción y la perspectiva más amplia. Recuérdales el IMPACTO que tu producto o servicio tendrá en su vida.

Pero, ¿cómo saber con qué tipo de personalidad estás tratando? Conocerás a algunas personas en tu mercado lo suficientemente bien como para decidir sobre su tipo de personalidad de inmediato. Otros hacen que tomen algunos contactos por teléfono o en persona para ayudarlo a decidir. Hágales preguntas: ¿están casados, tienen hijos, qué tipo de trabajo tienen, etc.?

Si tu prospecto te dice que tiene dos hijos punto cuatro, que es un Contador Público Certificado y que su pasatiempo es investigar los orígenes de las matemáticas, tienes un ANALÍTICO en tus manos. Ese conocimiento te dirigirá en tu respuesta a él.

Dar rienda suelta a la creatividad

Hoy, más que nunca, las empresas tienen que ser innovadoras para tener éxito. ¿Qué es la innovación? Trompenaars y Hampden-Turner (2010) afirman que la innovación es tomar la creatividad y transformarla en algo que ha valorado su uso, p. 11. La palabra innovación, como transformación, parece ser usada en exceso en todas partes hoy en día. Se usa tanto que casi ha perdido valor. Sin embargo, la innovación es la clave para permitir que las empresas continúen siendo competitivas y se mantengan así a través de economías difíciles y tumultuosas. La innovación nace de la creatividad. Para que una organización dé rienda suelta a la innovación, una empresa debe aprovechar sus recursos de creatividad. Para que las empresas se transformen o innoven se requiere pensamiento creativo o pensadores que cambien las reglas del juego. El objetivo principal se convierte entonces en cómo encontrar y dar rienda suelta a la creatividad dentro de la organización. Este es el trabajo del liderazgo organizacional.

    La creatividad no es algo que se busque solo cuando los tiempos son malos. La creatividad debe ser un activo que esté vivo y funcionando en todo momento dentro de una organización. Para que cualquier organización aproveche la creatividad constantemente, debe estar abierta a la diversidad de pensamiento. Una dificultad para la mayoría de los equipos de gestión es que los gerentes se rodean de pensadores de ideas afines. Es muy poco probable que este equipo de gestión necesitado de innovación creativa pueda generar el tipo correcto de ideas de manera consistente. Si pudieran, ¿se habrían encontrado en el aprieto en primer lugar?

Estudio de caso: Granger básicamente proporciona una variedad de productos a las empresas para mantener el negocio en funcionamiento. Con más de 7.200 millones de dólares en ventas a empresas y organizaciones gubernamentales, Granger es una empresa de la lista Fortune 500 y una de las empresas más admiradas de la revista Fortune.

Cuando nos enfrentamos a un problema que no tiene una solución tecnológica actual o realista, la ausencia de tecnología existente requiere creatividad e innovación para llegar a una idea que antes no existía. La empresa y la consultora original tenían una relación establecida desde hace mucho tiempo. Lo que esto significaba era que el consultor sabía exactamente cómo Granger hacía las cosas y cómo la empresa quería que se hicieran las cosas. Todos los individuos altamente inteligentes involucrados, programadores, diseñadores, consultores, ninguno tenía una respuesta. La intimidad entre las organizaciones impedía la innovación.

Elegimos formar un equipo no relacionado con ninguna de las organizaciones para presentarle el problema. A estos nuevos pensadores se les ocurrió una solución simple y elegante que generó ventas millonarias para nuestra organización y resolvió un problema profundamente arraigado por el que Granger había preocupado durante más de dos años.

¿Dónde reside la creatividad? La creatividad existe en el liderazgo, en el individuo y/o en la organización. Muchas veces, los gerentes deben dejar de lado sus egos para permitir que surja la creatividad. La diversidad de pensamiento hace aflorar las ideas. Esta es a menudo la razón por la que los equipos multifuncionales pueden resolver problemas inherentes. La diversidad de ideas que pueden surgir de individuos que no forman parte del pensamiento del pasado puede proporcionar direcciones no realizadas anteriormente.

¿Cómo podemos liberar la creatividad de los individuos? Guy Claxton (2000) llama a los dos estados pensantes dentro de todos nosotros: el cerebro de liebre (pensamiento del cerebro izquierdo) y el cerebro de tortuga (pensamiento del cerebro derecho). El pensamiento del hemisferio izquierdo es lo que hacen la mayoría de los gerentes. Es lógico, organizado, resolutivo y eficiente. Este es el cerebro de liebre rápido y decisivo. Sin embargo, no suele ser muy creativo debido a la aversión al riesgo. Aunque el cerebro de la tortuga es más lento en sus procesos de pensamiento, explorará nuevas ideas, métodos y presuposiciones, y a menudo es ilógico. La organización requiere de ambos. Al cerebro de tortuga a menudo se le ocurren ideas innovadoras.

Gestionando eficientemente los procesos involucrados, el cerebro de liebre implementa las nuevas ideas.

Para liberar la creatividad, uno debe liberar el cerebro de la tortuga. Suele ser el más creativo durante el juego. ¿Alguna vez te has preguntado por qué las mejores ideas parecen surgir cuando estás en la ducha, corriendo o pescando? Esto se debe a que el cerebro de liebre se enfoca en una tarea mundana en la que sobresale, como averiguar dónde puso mi hija el jabón esta vez, y no requiere pensar mucho. Una vez que el cerebro de la liebre está ocupado, la mente de la tortuga toma el control de los procesos de pensamiento y trabaja en los problemas de manera inconsciente. Trompenaars y Hampden-Turner (2010) llaman a esto usando el socavado. Freud lo llamó acceder al inconsciente. Yo lo llamo permitir que el subconsciente analice el problema. ¿Alguna vez has trabajado en un problema grave sin encontrar una solución, solo para despertarte en medio de la noche con la misma solución que has estado buscando? Tengo. ¿Cómo sucede esto? Cuando estás trabajando en problemas serios, llenas tu mente de datos. Aunque su cerebro de liebre puede dejar de pensar en los problemas, su cerebro de tortuga todavía está funcionando o esperando funcionar cuando pueda hacerse cargo del procesamiento en su mente.

    Entonces, ¿cómo hacemos que nuestra mente de tortuga funcione? En primer lugar, hacer un inventario de todos los recursos disponibles, de capital y humanos. Asegúrese de que puede acceder a todas las capacidades de la organización. Reunir una diversidad de pensamiento para analizar el problema. Desafía la rutina. Supera los límites y toma el camino menos transitado. Usa la lluvia de ideas, la idea, los juegos o cualquier medida que puedas utilizar para liberar las mentes de tortuga de los involucrados. Llena tu cerebro de liebre de datos y deja que tu cerebro de tortuga trabaje en ellos.

 El mayor problema con la creatividad es que desafía el pensamiento lógico del hemisferio izquierdo del cerebro en el que confían la mayoría de los gerentes. Los gerentes quieren mantener el statu quo. Necesitan mantener las cosas ordenadas y eficientes. Después de todo, es por eso que son gerentes. La creatividad es desordenada, ineficiente y, a menudo, ilógica. La mente lógica dice, ¿cómo podemos resolver esta tarea de manera rápida y eficiente? La mente creativa se pregunta por qué se está llevando a cabo la tarea. En lugar de estar rodeado de pensadores de ideas afines, ¿no sería mejor tener una opinión diferente? The New Yorker (1925) informó que Einstein dijo: "La locura es hacer lo mismo repetidamente y esperar resultados diferentes". Lo contrario de la innovación es la esterilidad.

Es posible que hayas oído hablar del término que se utiliza a menudo en el desarrollo de software, el de Agile. Una de las principales razones por las que Agile tiene tanto éxito es porque hace todas estas recomendaciones anteriores y da rienda suelta a la creatividad en los equipos Agile. Estos equipos deben ser autónomos y se les debe permitir resolver problemas sin inhibiciones por la intrusión de la gerencia. Debido a que estos equipos están formados por personas multifuncionales, se desatan ideas creativas con más frecuencia. Limitar Agile al desarrollo de software no es aconsejable. Todas las áreas de una organización pueden usar Agile. Una organización muy prominente que no solo es grande sino que también es ágil sería SpaceX.

METAS

"Nunca se es demasiado viejo para establecer una nueva meta o soñar un nuevo sueño". C.S. Lewis.

Hasta ahora hemos cubierto una gran cantidad de terreno importante. Ahora, para lograr lo que deseamos aquí en este curso de capacitación; El siguiente paso es empezar por establecer nuestros objetivos. Debes decidir a dónde quieres ir y qué quieres **lograr**. Menos del cinco por ciento de los estadounidenses alguna vez escriben sus metas. Hay poder en escribir nuestras metas.

"El verdadero éxito en la vida no es raro porque las personas sean débiles o perezosas o carezcan de fuerza de voluntad o teman el éxito. El verdadero éxito en la vida es raro porque con demasiada frecuencia las personas usan estrategias defectuosas para el éxito". (Kraus, 2006)

Cuando pienses en lo que quieres lograr o en lo que deseas de tu vida, escríbelo. Puede parecer una tontería al principio o una pérdida de tiempo, pero hazlo de todos modos. Necesitamos esta información más tarde, cuando construimos nuestro plan final. Tomaremos sus metas y las convertiremos en planes viables. Puede mantener su lista donde nadie más pueda verla si le preocupa la privacidad. No es necesario que los compartas con nadie, porque son personales y están diseñados para hacerte feliz, como individuo.

Es especialmente importante que tengas una lista de metas escritas. A medida que crezcas y cambies, y a medida que cambien las circunstancias de la vida, sé lo suficientemente flexible como para cambiar tu enfoque. Puedes cambiar o revisar los objetivos que establezcas en cualquier momento. Incluso puedes eliminarlos de tu lista o añadir nuevos objetivos. Cada vez que alcanzas una meta, ya sea grande o pequeña, es un paso más en tu progreso. Establecer metas es el comienzo de su camino hacia el éxito financiero y de ventas.

Una vez que hayas pasado por completo el proceso de establecer tus objetivos y escrito todas las etapas, habrás trazado tu plan de acción. Usando nuestro sistema, usted mapeará sus metas a lo que debe lograrse en los próximos treinta días. Entonces sabrás lo que tienes que hacer en los próximos 30 días (tus pasos de acción) para lograr tus objetivos a largo plazo.

Al igual que la creación de las Grandes Pirámides, que implicó mover piedra por piedra durante muchos años, dividimos sus objetivos a largo plazo en pasos cada vez más pequeños hasta que podamos comenzar a concentrarnos en completar los pasos más pequeños de inmediato. Si completamos nuestros pasos más pequeños cada semana, eventualmente completaremos nuestras metas mensuales. Si completamos cada una de nuestras metas mensuales, eventualmente completaremos nuestras metas anuales. Luego, en última instancia, al completar cada uno de nuestros objetivos anuales, completaremos nuestros objetivos finales a largo plazo.

Continúa trabajando para alcanzar tus metas a corto y mediano plazo hasta que alcances tus metas a largo plazo. Desglosa cada uno de ellos de forma sistemática, enumerando lo que hay que hacer para seguir avanzando hacia el logro de la meta.

Si te concentras solo en todo el plan a largo plazo, te desanimarás y no podrás medir tu progreso adecuadamente. Tener en cuenta que un objetivo a largo plazo y a largo plazo es en realidad solo un grupo de pasos más pequeños que conducen a una conclusión, lo mantendrá avanzando. Una revisión ocasional de tus objetivos a largo plazo te mantendrá en el camino correcto. Recuerda, si te enfocas en el destino final en lugar de dar un paso a la vez, terminarás sintiéndote abrumado e intimidado.

Comiencen hoy a establecer su curso hacia **la prosperidad** y **la libertad**. Puede usar el planificador de objetivos que se encuentra en el **Apéndice** para comenzar. Haz tantas copias de este apéndice como necesites. Como puedes ver, es una gran herramienta de planificación de deseos para los que puedes usar metas para lograr, que es cualquier cosa.

Comienzas con tu objetivo a largo plazo. Ese objetivo suele estar a cinco años o más de distancia. Establece ese objetivo claramente en tu mente y considera tantos aspectos como se te ocurran. Muchas veces, cuando consideras un objetivo con claridad, cambias algo de él o lo abandonas por completo. Es en la parte de examen de este proceso donde determinarás si quieres algo o no, y cuánto lo quieres realmente.

Así que ahora quiero crear un rendimiento de ventas excepcional. ¿Qué hago? Comienzas estableciendo una meta que sea a la vez alcanzable y desafiante. Haz que tu meta sea una meta anual. Luego, divida ese objetivo a un objetivo de seis meses. Para ello, establece una meta de treinta días. Ahora divide ese objetivo en un objetivo semanal y, finalmente, en un objetivo diario.

Digamos que de cada 100 prospectos con los que hablo; Obtengo una venta. Entonces, si quiero hacer sesenta ventas este año, ¿qué tengo que hacer? Tendré que hacer 30 ventas en los próximos seis meses. Eso también significa que tendré que hacer cinco ventas en el próximo mes. Lo que significa, por supuesto, que tengo que hacer 500 contactos en el próximo mes para lograr mi objetivo de treinta días. Ahora necesito hacer 125 contactos en la próxima semana si quiero mantenerme en el camino hacia mi objetivo de treinta días. Y, por último, necesito hacer 25 contactos al día para mantener el rumbo. ¿No suena más fácil que 60 ventas en el próximo año?

¿Qué pasa si hago 10 ventas al mes? ¡Celebra que estás en camino a la grandeza!

¿Cómo funciona esto? Si bien lo siguiente no se basa en las ventas, se basa en los fundamentos del establecimiento y el logro de objetivos.

Digamos que siempre he querido vivir junto al mar, en el noreste. Como mi esposa y yo consideramos que este es un objetivo a largo plazo, analizamos el impacto de tal decisión. Primero, descubrimos que nos alejaríamos de nuestros nietos, lo cual es muy negativo para nosotros. A medida que lo consideramos más profundamente, nos damos cuenta de que también nos alejaríamos de nuestros amigos de toda la vida y algunos parientes.

De repente, el costo emocional se está volviendo demasiado alto para que podamos ir más allá. Decidimos visitar el mar, pero nos quedaremos donde estamos hoy. Este sueño no podía ser uno de nuestros objetivos a largo plazo y ahora podemos abandonarlo. ¿Son realistas sus objetivos de ventas actuales? ¡Quizá no!

Digamos ahora que nos quedamos cerca de nuestra dirección actual, por lo que decidimos mudarnos a algún lugar del país. Necesitamos un hogar que sea más propicio para nuestro estilo de vida activo, un hogar que sea fácil de mantener a medida que envejecemos. Al considerar esto más profundamente, no encontramos ningún obstáculo irrazonable para lograr este objetivo que no podamos superar con el tiempo y los recursos que tenemos ahora o que tendremos más adelante. Esto puede convertirse en un objetivo a largo plazo.

¿Existen obstáculos realistas para lo que crees que quieres lograr con tus objetivos de ventas?

Un objetivo debe tener un marco de tiempo predeterminado. Esto no significa que no podamos ajustar el tiempo de nuestras metas, pero debemos establecer nuestras metas claramente, definiendo cómo y cuándo. Si vamos a mudarnos a esta casa en un período de tiempo predeterminado, establecemos cuándo será. Si será dentro de diez años, este se convierte en nuestro objetivo a largo plazo.

Ahora bien, ¿cuánto dinero se necesitará para que tengamos esta casa de nuestros sueños? Para nuestro ejemplo, diremos la tierra, y todo nos costará $100,000. Actualmente tenemos $20,000 que podemos reservar para este objetivo. Eso deja $80,000 que debemos ahorrar para lograr este objetivo en nuestro plazo de diez años. Ahora sabemos lo que queremos, cuándo lo queremos y cuánto nos costará conseguirlo. Ahora ya sabes lo que tus objetivos de ventas reales tendrán que lograr.

Si tomamos el total de lo que necesitaremos y luego lo dividimos por los diez años en los que deseamos tenerlo, lo que nos da $8,000 al año, tendremos que apartarlo. Este es nuestro objetivo intermedio, 8.000 dólares al año.

Ahora tomamos esos $8,000 al año y los dividimos entre doce meses. Eso nos da unos 667 dólares al mes. Ahora tenemos nuestro objetivo a corto plazo. Si en los próximos treinta días ahorramos $667 y luego continuamos enfocándonos en eso todos los meses, en diez años, tendremos los $80,000 que necesitamos y luego nuestra casa de retiro con la que hemos soñado. Recuerda, constrúyelo piedra sobre piedra. Todo lo que tenemos que hacer es concentrarnos en ahorrar $ 667 al mes, sin mirar realmente más allá del objetivo a corto plazo, y eventualmente tendremos la casa de nuestros sueños. ¿Cómo desglosará sus objetivos de ventas en logros potenciales realistas?

Ahora bien, este ejemplo no incluye el crecimiento de nuestro dinero a partir de los intereses. Si añado intereses a la ecuación, puedo acortar mi plazo o reducir la cantidad mensual necesaria cada mes. Puedo pagar menos de $535 al mes durante diez años con un interés del 4.5% y terminar con $100,000. De cualquier manera, termino con la casa de mis sueños en diez años o menos.

Claramente, los objetivos de ventas divididos en acciones mensuales y luego semanales son mucho más fáciles de trabajar que mirar los objetivos a largo o mediano plazo. Sepa lo que necesita lograr en la próxima semana y vaya a hacerlo.

Ahora tengo mis metas establecidas y sé lo que tengo que lograr este mes. ¿Es realmente tan simple? ¡Sí! Obviamente hay cosas que pueden sacarme de mi plan por un breve período. Eso está bien. Todo lo que tengo que hacer es volver a mi plan tan pronto como pueda y ajustar mis plazos si es necesario para volver a encarrilar mis objetivos. Recuerda, estos objetivos son flexibles porque las cosas suceden, ¿no es así?

Recuerde detallar estos objetivos para comprender claramente lo que desea lograr y en qué plazo. No quieres alejarte de ellos por un tiempo y volver sin entender qué era lo que estabas buscando. Estos son tus objetivos y los de nadie más. No hay nadie que tenga que aprobar tus sueños. Apunta alto, si falló un poco corto, todavía estás en un buen lugar.

Estos son objetivos personales y financieros que estamos discutiendo. Para saber cuánto habría que vender para cumplir con estos objetivos, primero debemos establecerlos. No puedo saber cuánto necesito ganar si no sé lo que estoy tratando de lograr. Es fundamental comprender cómo establecer y lograr objetivos para ser efectivo.

Usemos otro ejemplo. Para este ejemplo, usaremos a nuestro amigo Joe, quien quiere jubilarse en 15 años. Joe ahora trae a casa unos 55.000 dólares al año, después de impuestos. Vive en una pequeña ciudad del Medio Oeste en una casa modesta. Cuando se jubile, quiere mudarse a Arizona. A pesar del mayor costo de vida, planea pagar sus deudas y mudarse allí. Las deudas de Joe suman alrededor de $85,000, incluida una hipoteca de $70,000, $10,000 para sus autos y $5,000 para su bote y caravana. Sus gastos de vida actuales son de unos 25.000 dólares al año. Esto tampoco incluye todas sus deudas. ¿Cómo puede escribir sus metas?

Primero, está pagando $1,900 al mes por toda su deuda. Afortunadamente, no tiene ninguna deuda de tarjeta de crédito. El resto de sus gastos anuales son gastos de la vida diaria. Al ritmo que va ahora, pagará su deuda, excluyendo su hipoteca, en cinco años. Su carga de deuda actual, excluyendo su hipoteca, es de unos 800 dólares al mes. Le quedan veinte años de hipoteca. Al duplicar su pago, cree que puede pagar su hipoteca en 15 años.

Usaremos números aproximados aquí porque eso debería ser suficiente para sus objetivos. Los números exactos cambiarán a medida que persiga estos objetivos. Calcula que puede pagar $10,000 de su hipoteca de $70,000 en los primeros cinco años que le llevará pagar sus otras deudas. Eso significa que debe pagar el saldo restante en 10 años si quiere jubilarse a tiempo dentro de 15 años. Si dividimos $60,000 entre 10 años, obtenemos $6,000 al año. Debe agregar esto al pago de su hipoteca para pagar su casa a tiempo. ¿Puede hacer eso?

En cinco años, Joe habrá pagado su otra deuda, liberando 800 dólares al mes. Puede pagar esos $800 además del pago original de su hipoteca. Eso le permitirá más de $90,000 en potencial de pago durante los próximos diez años. Entonces, la respuesta a si puede pagar su hipoteca a tiempo es sí. Esto, por supuesto, requiere que no ocurra nada grave en ese período de tiempo que le quite algo de su potencial de pago. Si todo sale según lo planeado, puede pagar su carga de deuda dentro del período de tiempo deseado.

    Ahora sabemos lo que tiene que hacer para poner en marcha su plan. Joe deja de lado su objetivo a largo plazo de pagar primero su otra deuda en cinco años. Lo divide en pagos anuales y, finalmente, pagos mensuales. Ahora, si obtiene un aumento de sueldo, también puede usar ese dinero para acelerar su plan.

    Joe escribe sus metas para los últimos 10 años, eso muestra agregar los $800 adicionales a su hipoteca. Si todo va bien, logrará estos objetivos.

Sin embargo, la vida tiene una forma de interponerse en el camino. Su plan no tiene mucha flexibilidad, ¿verdad? Si sucede algo grave que toma una cantidad sustancial de dinero adicional del plan de Joe, podría posponer su planificación de jubilación. Tampoco ha dejado espacio adicional para nuevos vehículos. Joe conducirá esos mismos vehículos durante los próximos años, ¿no es así?

¿Puede Joe realmente vivir con este plan o no? Esa es una pregunta personal que solo Joe puede responder. ¿Cuáles son sus otras alternativas? Puede posponer su plan unos años más. Joe puede conseguir un nuevo trabajo que pague más. Puede trabajar a tiempo parcial para agregar ingresos adicionales a su plan. El problema principal aquí no es qué más puede hacer, sino que ahora tiene el comienzo de su plan y conoce los detalles sobre lo que se necesitará para lograr ese plan.

Lo primero que es importante aquí es que Joe ahora sabe exactamente dónde está parado y a dónde tiene que ir. Antes no contaba con esta información esencial y valiosa. Él tiene la información para comenzar su plan general. El hecho de que ahora esté considerando sus alternativas muestra que ya está en la fase de planificación de su plan. Por lo tanto, necesitó pasar por todo este trabajo analítico para llegar a este punto. ¿Puedes ver ahora la importancia de este trabajo preliminar para tu propia vida?

Tiene alternativas como vender un vehículo y si necesita un segundo vehículo, puede comprar uno nuevo o usado menos costoso. Esto le permitirá a Joe reducir su carga de deuda. Esto significará que le tomará menos dinero pagar su deuda actual y llevarlo al punto de poner más dinero en ahorros antes. Ahora sabe dónde tiene que establecer sus objetivos de ventas.

Ahora puedes completar tus propias hojas de objetivos. ¡Hazlo ahora antes de que pierdas el entusiasmo por este plan! ¡No pospongas esto! La mayoría de nosotros hemos pospuesto las cosas importantes de nuestras vidas demasiado tiempo. Si no tenemos cuidado, pronto nos quedaremos sin tiempo para lograr algo importante en nuestras vidas. ¡Comienza hoy!

Te mantienes en el camino teniendo y anotando tus metas. Mucha gente piensa que no tiene sentido escribir metas. Los tienen en sus mentes. Si no puedo hacer un seguimiento de lo que voy a hacer mañana, ¡seguramente no podré estar al tanto de lo que quiero hacer en diez años!

Lo que la gente no se da cuenta es que hay magia en escribir tus metas. Cuando escribes tus metas, algo sucede dentro de ti. Inconscientemente comienzas un camino hacia esas metas. Algo cambia y te conviertes en una persona que se mantiene al día con tus planes, sueños y esperanzas.

No estoy hablando de nada espeluznante aquí. Solo sé personalmente que tener metas ha cambiado mi vida en muchas áreas. Hay investigaciones sobre metas que también muestran que las personas que escriben sus metas son mucho más exitosas que aquellas que no escriben sus metas.

¿Por qué ayudan tanto los goles? En primer lugar, siempre tienes un mapa para ver si sigues por el buen camino. No importa lo que suceda en la vida o cuánto tiempo no mires tus metas, siempre puedes volver y ver si vas por buen camino. Si no lo eres, puedes corregir tu camino y volver al camino correcto hacia tus objetivos.

Incorporar metas es sencillo. Comienzas creando un objetivo a largo plazo. Digamos que desea ganar $ 120,000 al año dentro de cinco años.

Ahora ya sabes dos cosas importantes. Sabes cuánto y cuándo.

A continuación, divides ese objetivo en objetivos intermedios. Consideremos que esos objetivos intermedios son objetivos de 1 año. ¿Cuánto necesito vender en un año durante cinco años consecutivos para alcanzar mis objetivos de $120,000 al año en ingresos? Necesito aumentar mis ventas cada año durante los próximos cinco años y lograré mi objetivo a largo plazo.

Tú estableces dónde estás hoy. Hoy podemos usar $30,000 al año. ¿Cuántas ventas se necesitaron para obtener este ingreso anual? Al determinar cuántas ventas se necesitaron, podemos extrapolar cuántas ventas necesitamos para ganar los $120,000. Si las ventas valieron un promedio de $ 3,000, entonces serían diez ventas para ganar $ 30,000. Para lograr el objetivo deseado, dividiríamos $30,000 entre $120,000 para averiguar cuántas ventas adicionales necesitamos agregar a nuestro total de ventas anuales para llegar a nuestro objetivo. Tendríamos que tener cuatro veces más ventas al año para llegar a nuestro objetivo.

Para nuestro promedio anual, lo multiplicamos por diez. Necesitamos llegar a cuarenta ventas al año para alcanzar nuestro objetivo. A continuación, observamos cuántos contactos se necesitaron para realizar cada venta en promedio. A continuación, multiplica el número de contactos por cuarenta para entender cuántos contactos reales tendremos que hacer para alcanzar nuestro objetivo. A continuación, podemos dividirlo por cinco para entender cuántos contactos tenemos que aumentar cada año para llegar a nuestro objetivo.

Lluvia de ideas

Al comenzar su plan de ventas, se encontrará con obstáculos o problemas en los que nunca antes había pensado. A menudo pueden causar un bloqueo mental y no fluirán las ideas. La forma de superarlos es el resultado de una lluvia de ideas. La lluvia de ideas es un concepto de generación de ideas cuando actualmente no tienes ninguna. Es posible que tengas que hacer esto solo, lo que puede parecer difícil al principio, o tú, tus compañeros de trabajo, tu pareja o tu cónyuge pueden sentarse juntos y hacer una lluvia de ideas.

Para ello, se empieza por describir el problema o cuestión que se quiere superar. Escríbelo en una hoja de papel para que puedas mirarlo y dejar que tu mente se detenga en él. Es posible que tengas que hacer esto varias veces antes de que tu mente realmente produzca ideas, así que no te frustres si las ideas no llegan de inmediato.

Nuestra mente subconsciente es una maravillosa solucionadora de problemas. Debido al poder de nuestras mentes, y al pequeño porcentaje de ellas que realmente usamos, nuestras mentes tienen un exceso de capacidades que no se utilizan y que representan el poder analítico. La mente subconsciente tiene esta capacidad no utilizada, a la que podemos acceder para trabajar en problemas mientras nos dedicamos a tareas completamente diferentes. Cuando era ingeniero de redes informáticas en el pasado, solía encontrarme con problemas que desafiaban las soluciones, a veces incluso desafiando la comprensión. Analizaría el problema lo mejor que pudiera. Luego haría una investigación fundamental sobre la tecnología y cualquier otro problema similar que pudiera haber encontrado en el pasado. Luego, finalmente, después de que todo eso se cargara en mi cerebro, me iba a dormir por la noche. Mientras dormía, mi mente continuaba trabajando en el problema. Es increíble la cantidad de veces que me despertaba por la noche o por la mañana y tenía la solución al alcance de la mano.

Sigue haciendo una lluvia de ideas hasta que tengas algunas ideas viables. Una vez que hayas tomado un pedazo de papel y anotado tu problema o problema, entonces escribe veinte posibles soluciones. No descartes nada o pienses que es demasiado tonto. Incluso si parece demasiado tonto o poco realista, puede ser posible o algún derivado de él puede funcionar. Escríbelo. Empuja para obtener las veinte ideas. Más de una vez, he reunido varias ideas de lluvia de ideas para dar forma a una idea completa y viable.

Lo que a menudo encontrarás es que las últimas diez ideas son las más difíciles de producir y, por lo general, las mejores. Trabaja en esto todo el tiempo que necesites hasta que encuentres alguna idea o ideas que funcionen para ti. No te limites solo a aquellas cosas o ideas que conoces ahora. Es posible que descubras que puedes aprender algo más que te ayudará. Esfuérzate por producir tantas ideas como puedas. Cuantas más ideas produzcas, más probabilidades tendrás de dar con algunas que realmente funcionen.

Finalmente

Todo hasta este punto significa muy poco si no haces lo último de lo que hablaré. ¡Debes <u>actuar</u>! La famosa frase de Thomas Edison dice que la creatividad requiere un 10 por ciento de inspiración y un 90 por ciento de transpiración.

Si trabajas duro, superarás a más del 50 por ciento de tu competencia. El trabajo duro significa hacer lo que genera dinero. Si el papeleo te atasca, contrata a un asistente para que te ayude. El papeleo es importante, pero no es lo que te hace ganar dinero. La prospección y la venta te hacen ganar dinero.

Haz todo lo que hemos discutido hasta este punto y luego actúa, sal a la calle o llama por teléfono y contacta a la gente. Envía esas cartas a todos tus conocidos. Llamen a esos centros de influencia, ya sabes. Asiste a esas reuniones de networking. Sal y hazte visible para la comunidad.

Apéndice

El proceso de establecer metas

1. Escribe tus metas a largo plazo, cosas que quieres lograr en tres a cinco años, el resultado deseado en ciertos períodos de tiempo.

2. Divide tus metas de tres a cinco años en metas intermedias de un año.

3. Luego, toma cada uno de esos objetivos y escribe un desglose de seis meses.

4. A continuación, un desglose de 30 días de cada uno de los objetivos de seis meses.

Establecer objetivos a corto y largo plazo

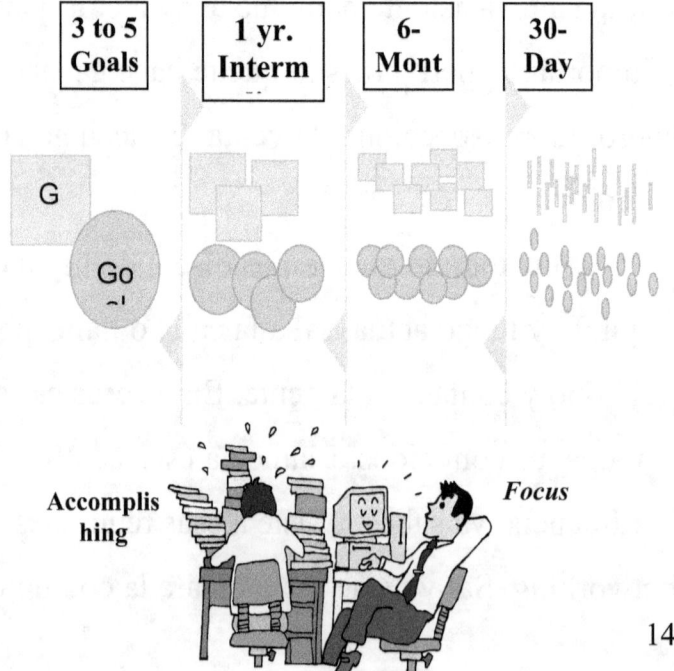

Comience hoy a establecer su rumbo para _____ y
_____.

Metas

página ____ de ____

o **3** o **4** o **5 años:** _____

Fecha prevista de finalización: _____

Desglose anual:

_____

Fecha prevista de finalización: _____

1. Desglose semestral:

_____

un. Mo. _____ Artículos:

_____
_____

b. Mo. _____ Artículos:

_____
_____

c. Mo. _____ Artículos:

_____
_____

d. Mo. _____ Artículos:

_____
_____
_____

E. Mo. _____ Artículos:
_____
_____
_____

f. Mo. _____ Artículos:
_____
_____
_____

2. Desglose semestral:
_____

un. Mo. _____ Artículos:
_____
_____
_____

b. Mo. _____ Artículos:
_____
_____
_____

c. Mo. _____ Artículos:
_____
_____
_____

d. Mo. _____ Artículos:
_____
_____
_____

E. Mo. _____ Artículos:

_____
_____

_____
f. Mo. _____ Artículos:

_____
_____
_____

página ____ de ____

Desglose anual:

_____
 Fecha prevista de finalización: _____
1. Desglose semestral:
_____

un. Mo. _____ Artículos:

_____
_____
_____

b. Mo. _____ Artículos:

_____
_____
_____

c. Mo.

_____
_____

d. Mo. _____ Artículos:

_____
_____
_____

E. Mo. _____ Artículos:

_____
_____
_____

f. Mo. _____ Artículos:

_____
_____
_____

2. Desglose semestral:

_____

un. Mo. _____ Artículos:

_____
_____
_____

b. Mo. _____ Artículos:

_____
_____
_____

c. Mo. _____ Artículos:

_____
_____

d. Mo. _____ Artículos: _____
_____
_____
_____

E. Mo. _____ Artículos: _____
_____
_____

f. Mo. _____ Artículos: _____
_____
_____
_____

Metas   *página* ____ *de*
____
o **3** o **4** o **5 años:** _____
                           Fecha de finalización programada:
_____
Desglose anual: _____
        Fecha prevista de finalización: _____
1. Desglose semestral:
_____

un. Mo. _____ Artículos: _____
_____

_____
_____

b. Mo. _____ Artículos:

_____
_____
_____

c. Mo. _____ Artículos:

_____
_____
_____

d. Mo. _____ Artículos:

_____
_____
_____

E. Mo. _____ Artículos:

_____
_____
_____

f. Mo. _____ Artículos:

_____
_____
_____

2. Desglose semestral:
_____

un. Mo. _____ Artículos:

_____

_____
_____

b. Mo. _____ Artículos:
_____
_____

c. Mo. _____ Artículos:
_____
_____
_____

d. Mo. _____ Artículos:
_____
_____

E. Mo. _____ Artículos:
_____
_____

f. Mo. _____ Artículos:
_____
_____

página ____ de ____

Desglose anual:

_____

Fecha prevista de finalización: _____

3. Desglose semestral:

_____

un. Mo. _____ Artículos:

_____
_____
_____

b. Mo. _____ Artículos:

_____
_____
_____

c. Mo.

_____
_____
_____

d. Mo. _____ Artículos:

_____
_____
_____

E. Mo. _____ Artículos:

_____
_____
_____

f. Mo. _____ Artículos:

_____
_____
_____

4. Desglose semestral:

_____

un. Mo. _____ Artículos:

_____
_____
_____

b. Mo. _____ Artículos:

_____
_____
_____

c. Mo. _____ Artículos:

_____
_____
_____

d. Mo. _____ Artículos:

_____
_____
_____

E. Mo. _____ Artículos:

_____
_____
_____

f. Mo. _____ Artículos:
_____
_____
_____

Referencias

Claxton, G. (2000). Cerebro de liebre, mente de tortuga: cómo aumenta la inteligencia cuando piensas menos. *Harper's Perennial.*

Kraus, S. (2006). Fundamentos psicológicos del éxito: un científico formado en Harvard separa la ciencia del éxito del aceite de serpiente de autoayuda. Realscienceofsuccess.com. Consultado el 22/08/2006. http://www.realscienceofsuccess.com/foundations.htm.

Trompenaars, F. y Hampden-Turner, C. (2010). *Cabalgando las olas de la innovación.* McGraw-Hill. Nueva York.

www.ingramcontent.com/pod-product-compliance
Lightning Source LLC
Chambersburg PA
CBHW071925210526
45479CB00002B/559